MARCO POLO

UNGARISCH

Sprachführer mit
Insider Tipps

Sprechen und Verstehen – ganz einfach

MAIRS GEOGRAPHISCHER VERLAG

Aussprache

Zur Erleichterung der Aussprache sind alle ungarischen Wörter und Wendungen zusätzlich mit einer einfachen Aussprache (in eckigen Klammern) versehen. Die Buchstaben in der Aussprache werden ausgesprochen wie im Deutschen.

Das Alphabet

Buchstabe	Lautzeichen	Buchstabe	Lautzeichen	Buchstabe	Lautzeichen
A, a	o	J, j	j	Sz, sz	ss
á, á	ah	K, k	k	T, t	t
B, b	b	L, l	l	Ty, ty	tj
C, c	z	Ly, ly	j	U, u	u
Cs, cs	tsch	M, m	m	ú, ú	uh
D, d	d	N, n	n	Ü, ü	ü
E, e	ä	Ny, ny	nj	Ű, ű	üh
É, é	eh	O, o	o	V, v	w
F, f	f	ó, ó	oh	X, x	kss
G, g	g	Ö, ö	ö	Y, y	i
Gy, gy	dj	Ő, ő	öh	Z, z	s
H, h	h	P, p	p	Zs, zs	sch
I, i	i	R, r	r		
í, í	ih	S, s	sch		

Abkürzungen

adj.	Adjektiv	*pl*	Plural
adv.	Adverb	*poss.pron.*	Possessivpronomen
Akk.	Akkusativ	*relig.*	Religion
Dat.	Dativ	*s.*	sich
jdm	jemandem	*sg*	Singular

Auftakt

Wie man Freunde gewinnt

Die Ungarn sehen sich in Europa als Mittler zwischen Ost und West, was geographisch, historisch und kulturell durchaus berechtigt ist. Sie sind stolz auf ihre über tausendjährige Geschichte voll „glorreicher Niederlagen“. Zeigen Sie Interesse an ihrem Land und Leben, werden die Ungarn Sie sofort in ihr großes Herz schließen ...

Optimistische Pessimisten

Lamentiert der Ungar über die Misere seines Landes, seien Sie verständnisvoll. Der melancholische Hang zum Pessimismus mischt sich auf merkwürdige Weise mit Optimismus. Die schicksalgeschlagene Nation weiß, dass sie *dennoch* nicht untergehen wird, da ein Ungar "a jég hátán is megél" [o jehg hahtahn isch mägehl] „auch auf dem Eis leben kann", d.h., er schlägt sich immer und überall durch.

Ja.	Igen. [igän]
Nein.	Nem. [näm]
Bitte.	Kérem. [kehräm]
Danke!	Köszönöm. [kössönöm]
Wie bitte?	Hogyan kérem? [hodjonn kehräm]
Einverstanden!	Egyetértek! [ädjätehrtäk]
In Ordnung!	Rendben van! [rändbän wonn]
Verzeihung!	Bocsánat! [botschahnott]
Ich möchte...	Szeretnék ... [ssärätnehk]
Gibt es ...?	Van ...? [wonn]
Hilfe!	Segítség! [schägihtschehg]

Wer, wie, was?

Wer?	Ki? [ki]
Was?	Mi? [mi]
Welcher/Welche/ Welches?	Melyik? [mäjik]
Wem?	Kinek? [kinäk]
Wen?	Kit? [kit]
Wie viel?	Hány? [hahnj]
Wie?	Hogyan? [hodjonn]
Warum?	Miért? [miehrt]
Wo?	Hol? [hol]
Wann?	Mikor? [mikor]
Wie lange?	Mennyi ideig? [männji idäig]

KENNENLERNEN

GUTEN MORGEN/ TAG!	**JÓ REGGELT!/JÓ NAPOT!** [joh räggält/joh noppot]
Guten Abend!	Jó estét! [joh äschteht]
Hallo!/Grüß dich!/ Grüß euch!	Szia!/Sziasztok! *sg/pl* [ssio/ssiosstok] Szervusz!/Szervusztok! *sg/pl* [ssärwuss/ ssärwusstok]
Wie ist Ihr Name, bitte?	Hogy hívják önt, kérem? [hodj hihwjahk önt kehräm]
Wie heißt du?	Hogy hívnak? [hodj hihwnock]

Küsschen, Küsschen...

Gute Freunde begrüßen sich mit zwei (angedeuteten) Küssen auf die linke und rechte Wange. Drei Küsse werden lediglich in der kleinen griechisch-katholischen Glaubensgemeinschaft ausgetauscht. Händeschütteln ist weniger üblich als in Deutschland.

MEIN NAME IST .../ ICH HEISSE ...	**... A NEVEM./... NAK/NEK HÍVNAK.** [... o näwäm/... nock/näk hihwnock]
Es freut mich, Sie kennen zu lernen.	Örülök, hogy megismerhetem. [örülök hodj mägischmärhätäm]
Darf ich bekannt machen? Das ist ...	Szabad bemutatnom? Ez ... [ssobbodd bämutottnom] [äs]
Frau X.	... né. [... neh]
Fräulein X.	... kisasszony. [... kischossonj]
Herr X.	... úr. [... uhr]
Wie geht es Ihnen?	Hogy van? [hodj wonn]
Wie geht es dir?	Hogy vagy? [hodj woddj]
Danke.	Köszönöm. [kössönöm]
Und Ihnen?	És Ön? [ehsch ön]
Und dir?	És te? [ehsch tä]

Anrede und Begrüßung

Im Ungarischen folgt der Vorname dem Familiennamen. Die traditionelle Namensführung der verheirateten Frauen: Nachname und Vorname des Ehemannes + „-né", z.B.: Kovács Gáborné. Viele Frauen tragen den Familiennamen des Mannes + „-né" und den Geburtsnamen, z.B.: Kovácsné Kiss Ildikó. Es gilt als formell, eine Frau mit dem Familiennamen anzureden. Die Anrede "kisasszony" [kischossonj] (Fräulein) für ledige Frauen klingt altmodisch. Bei persönlicher Bekanntschaft redet man Frauen mit dem Vornamen an, unabhängig davon, ob man sie duzt oder siezt. Beim Siezen ist "Ön" [ön] höflicher als "Maga" [moggo] . In Ungarn ist Duzen häufiger als in Deutschland. Mit "kezicsókolom" [käsitschohkolom] werden Frauen höflich begrüßt. Mit der Kurzform "csókolom" [tschohkolom] begrüßen Kinder die Erwachsenen.

Woher kommen Sie?	Honnan jön? [honnonn jön]
Woher kommst du?	Honnan jössz? [honnonn jöss]
Ich bin aus …	… ból/ből jövök. [… bohl/böhl jöwök]
Wie alt sind Sie?	Hány éves? [hahnj ehwäsch]
Wie alt bist du?	Hány éves vagy? [hahnj ehwäsch woddj]
Ich bin 39.	Harminckilenc (éves vagyok). [horrminzkilänz (ehwäsch woddjok)]

JA, BITTE	IGEN, KÉREM [igän kehräm]
Darf ich Sie um einen Gefallen bitten?	Megkérhetem egy szívességre? [mägkehrhätäm ädj ssihwäschschehgrä]
Gestatten Sie?	Megengedi? [mägängädi]
Können Sie mir bitte helfen?	Tudna nekem segíteni kérem? [tudno näkäm schägihtäni kehräm]

DANKE!	KÖSZÖNÖM! [kössönöm]
Vielen Dank!	Nagyon köszönöm. [noddjon kössönöm]
Danke, sehr gern!	Köszönöm, nagyon szívesen. [kössönöm noddjon ssihwäschän]
Nein, danke!	Nem, köszönöm. [näm kössönöm]
Danke, gleichfalls!	Köszönöm, viszont. [kössönöm wissont]

Das ist nett, danke.	Nagyon kedves, köszönöm. [noddjon kädwäsch kössönöm]
Mit Vergnügen!	Örömmel. [örömmäl]

Hat's geschmeckt?

Wird man ins traute Heim eingeladen, bedankt man sich bei dem/r Gastgeber/in nach dem Essen mit einem "Köszönöm az ebédet/a vacsorát" [kössönöm os äbehdät/o wottschoraht] „Danke fürs Mittagessen/Abendessen". Das Essen, für dessen Zubereitung die Hausfrau keine Kosten und Mühe scheut, können Sie so loben: "Nagyon finom volt" [noddjon finom wolt] „Es hat sehr gut geschmeckt".
Traditionell bedanken sich die Familienmitglieder nach jedem Essen bei der Mutter, die gekocht hat.

Bitte sehr./ Gern geschehen.	Kérem szépen./Szívesen. [kehräm ssehpän/ssihwäschän]

ENTSCHULDIGUNG!	BOCSÁNAT! [botschahnott]
Das tut mir Leid.	Sajnálom. [schojjnahlom]
Schade!	Kár. [kahr]

WIE BITTE?	TESSÉK? [täschschehk]
Ich verstehe Sie/ dich nicht.	Nem értem/értelek. [näm ehrtäm/ehrtäläk]
Bitte, wiederholen Sie/wiederhole es.	Kérem ismételje/ismételd meg. [kehräm ischmehtäjjä/ischmehtäld mäg]
Bitte sprechen Sie/ sprich etwas langsamer.	Kérem beszéljen/beszélj kicsit lassabban. [kehräm bässehjjän/bässehjj kitschit loschschobbonn]
Ich verstehe.	Értem. [ehrtäm]
Ich spreche nur wenig ...	Csak egy kicsit beszélek ... [tschock ädj kitschit bässehläk ...]
Schreiben Sie es mir bitte auf!	Kérem írja fel! [kehräm ihrjo fäl]

VERABREDUNG/FLIRT	**RANDEVÚ/FLÖRT** [ronndäwuh/flört]
Haben Sie/Hast du für morgen schon etwas vor?	Van már valami programja/programod holnapra? [wonn mahr wollommi progrommjo/progrommod holnoppro]
Wann treffen wir uns?	Mikor találkozunk? [mikor tollahlkosunk]
Sind Sie verheiratet?	Házas ön? [hahsosch ön]
Hast du einen Freund/eine Freundin?	Van barátod/barátnőd? [wonn borrahtod/borrahtnöhd]
Ich konnte es schon kaum erwarten, Sie/dich wieder zusehen.	Alig vártam már, hogy újra lássam/lássalak. [ollig vahrtomm mahr hodj uhjro lahschschomm/lahschschollock]
Deine Augen sind wunderschön!	Gyönyörű a szemed! [djönjörüh o ssämäd]
Ich liebe dich!	Szeretlek! [ssärätläk]

Wahnsinn!

Sind Sie von Ihrem Urlaub so richtig begeistert? Dann finden Sie hier ein paar Ausdrücke, um das richtig „rüberzubringen":

klassz [kloss]	prima
remek [rämäk]	großartig
fantasztikus [fonntosstikusch]	fantastisch
nagyszerű [noddjssärüh]	großartig
óriási [ohriahschi]	riesig
őrület! [öhrülät]	Wahnsinn!
igenyes [igehnjäsch]	anspruchsvoll (Modewort)
csodálatos [tschodahlottosch]	wunderbar
kitűnő [kitühnöh]	ausgezeichnet

Ich habe mich in dich verliebt.	Beléd szerettem. [bälehd ssärättäm]
Ich auch.	Én is. [ehn isch]
Ich möchte mit dir schlafen.	Le szeretnék veled feküdni. [lä ssärätnehk wäläd fäküdni]
Ich will nicht.	Nem akarom. [näm ockorrom]
Hör auf!	Hagyd abba! [hoddjd obbo]
Aber nur mit Kondom!	De csak kotonnal! [dä tschock kotonnoll]
Hast du Kondome?	Van nálad koton? [wonn nahlodd koton]

Die ewige Treue

Insider Tipp

Örök hűséget esküdtem, nem vakságot" [örök hühschehgät äschküttäm näm wockschahgot] „Ich habe ewige Treue geschworen, keine Blindheit" sagt der Ungar, der sich in festen Händen befindet, sich aber dennoch nach hübschen Frauen umdreht ...

Darf ich Sie/dich nach Hause bringen?	Hazavihetem/Hazavihetlek? [hosowwihätäm/hosowwihätläk]
Bitte geh weg!	Kérlek menj el! [kehrläk männj äl]
Verschwinde!	Tűnj el! [tühnj äl]
Lassen Sie mich bitte in Ruhe!	Kérem hagyjon békén! [kehräm hoddjon behkehn]
Hau ab!	Kopj le! [kopj lä]

Jugendsprache und Trends

Insider Tipp

An die Stelle von harmlos klingenden volkstümlichen Schimpfwörtern wie "a kutyafáját" [o kutjoffahjaht] „beim Baum des Hundes" treten zunehmend derbere Ausdrücke (siehe „Bloß nicht", S. 107). Hier einige Wendungen aus der Jugendsprache, bei denen Sie sich jedoch nicht genieren müssen:

ez bejön nekem [äs bäjön näkäm]	es gefällt mir, super
gázos [gahsosch]	problematisch, gefährlich
menő [mänöh]	in, trendy
dögös [dögösch]	geil
igénytelen [igehnjtälän]	anspruchslos, schäbig
lóvé/lé [lohweh/leh]	Kohle, Zaster
le van égve [lä wonn ehgwä]	pleite, abgebrannt
márkás cucc [mahrkahsch zuzz]	Markenklamotte
jó vagy nálam [joh woddj nahlomm]	du gefällst mir
nem nagy szám [näm noddj ssahm]	keine große Nummer
megdumálja a fejét [mägdumahljo o fäjeht]	jemanden beschwatzen, überzeugen
felszed valakit [fälssäd wollockit]	jemanden aufreißen
mindenkivel leáll [mindänkiwäl läahll]	es mit jeder/jedem treiben
nem lehet levakarni [näm lähät läwockorrni]	ihn/sie wird man nicht los
lekoptat [läkoptott]	(Verehrer/in) in die Wüste schicken

AUF WIEDERSEHEN!	VISZONTLÁTÁSRA! [wissontlahtahschro]
Bis bald!/Bis später!	Viszlát! [wisslaht]
Bis morgen!	A holnapi viszontlátásra! [o holnoppi wissontlahtahschro]
Gute Nacht!	Jó éjszakát! [joh ehjssockaht]
Tschüss!	Szia/Sziasztok! *sg/pl* [ssio/ssiosstok]

Herzlichen Glückwunsch!

In Ungarn gelten vorab ausgesprochene Glückwünsche als unheilbringend. Deshalb gibt man jemandem, z. B. vor einer Prüfung, eher etwas „Anrüchiges" mit auf den Weg: „einen Hut" ("egy kalappal" [ädj kolloppoll]), wobei dessen „Inhalt" nicht genannt wird – verständlicherweise, da es sich dabei um "szar" [ssorr] („Scheiße") handelt.

HERZLICHEN GLÜCKWUNSCH!	FOGADJA JÓKÍVÁNSÁGAIMAT! [fogoddjo johkihwahnschahgoimott]
Alles Gute zum Geburtstag!	Minden jót kívánok a születésnapjára! [mindän joht kihwahnok o ssülätehschnoppjahro]
Viel Erfolg!	Sok sikert! [schok schikärt]
Viel Glück!	Sok szerencsét! [schok ssäräntscheht]
Hals- und Beinbruch!	Kéz és lábtörést! [kehs ehsch lahbtörehscht]
Gute Besserung!	Jobbulást (kívánok)! [jobbulahscht (kihwahnok)]

Immer ein Anlass zu feiern

Ein Namenstag "névnap" [nehwnopp] ist in Ungarn ein Anlass zu feiern, nicht nur im katholischen Teil der Bevölkerung. An Namenstagen von häufigen Namen wie János oder Katalin wird oft auch in Betrieben oder Büros kollektiv gegessen und getrunken. Die Gefeierten erhalten auch kleinere Geschenke.

GESTIK/MIMIK

So verstehen Sie die Gesten der Ungarn:

Pustekuchen! Du kriegst es nicht!

Ich drücke dir die Daumen.

Du hast eine Schraube locker!

So wahr ich hier stehe!

Komm her!

OK- und Anhalter-Zeichen

Wo geht's lang?

Bitte, wo ist …?	Hol van kérem a(z) … ? [hol wonn kehräm o(s) …]
Tut mir Leid, das weiß ich nicht.	Sajnos nem tudom. [schojjnosch näm tudom]
Welches ist der kürzeste Weg nach/zu …?	Melyik a legrövidebb út …ba/be? [mäjik o lägröwidäbb uht …bo/bä]
Wie weit ist es zum/zur …?	Milyen messze van a(z) … ? [mijän mässä wonn o(s) …]
Es ist weit.	Messze van. [mässä wonn]
Es ist nicht weit.	Nincs messze. [nintsch mässä]
Gehen Sie geradeaus.	Menjen egyenesen. [mänjän ädjänäschän]
Gehen Sie nach links/nach rechts.	Menjen balra/jobbra. [mänjän bollro/jobbro]
Erste/Zweite Straße links/rechts.	Az első/A második utca balra/jobbra. [os älschöh/o mahschodik uzzo bollro/jobbro]
Überqueren Sie …	Menjen át … [männjän aht]
die Brücke.	a hídon. [o hihdon]
den Platz/die Straße.	a téren/az utcán. [o tehrän/os suzzahn]
Dann fragen Sie noch einmal.	Azután kérdezze meg még egyszer. [osutahn kehrdässä mäg mehg djssär]
Sie können … nehmen.	Mehet … [mähät]
den Bus	busszal. [bussoll]
die Straßenbahn	villamossal. [willommoschscholl]
die U-Bahn	metróval/földalattival. [mätrohwoll/földollottiwoll]

Zahlen, Masse, Gewichte

0	nulla [nulla]	9	kilenc [kilänz]
1	egy [äddj/ädj]	10	tíz [tihs]
2	kettő/két [kättöh/keht]	11	tizenegy [tisänädj]
3	három [hahrom]	12	tizenkettő/tizenkét [tisänkättöh/tisänkeht]
4	négy [nehdj]	13	tizenhárom [tisänhahrom]
5	öt [öt]	14	tizennégy [tisännehdj]
6	hat [hot]	15	tizenöt [tisänöt]
7	hét [heht]	16	tizenhat [tisänhot]
8	nyolc [njolz]		

17	tizenhét [tisänheht]	80	nyolcvan [njolzwon]
18	tizennyolc [tisännjolz]	90	kilencven [kilänzwän]
19	tizenkilenc [tisänkilänz]	100	száz [ssahs]
20	húsz [huhss]	101	százegy [ssahsädj]
21	huszonegy [hussonädj]	200	kétszáz [kehzsahs]
22	huszonkettő/huszonkét [hussonkättöh/hussonkeht]	300	háromszáz [hahromssahs]
23	huszonhárom [hussonhahrom]	1000	ezer [äsär]
24	huszonnégy [hussonnehdj]	2000	kétezer [kehtäsär]
30	harminc [horminz]	3000	háromezer [hahromäsär]
40	negyven [nädjwän]	10.000	tízezer [tihsäsär]
50	ötven [ödwän]	100.000	százezer [ssahsäsär]
60	hatvan [hodwon]	1.000.000	(egy) millió [(ädj) millioh]
70	hetven [hädwän]		

1. első [älschöh]
2. második [mahschodik]
3. harmadik [hormodik]
4. negyedik [nädjädik]

1/2 . . . . fél [fehl]
1/3 . . . . (egy) harmad [(ädj) hormod]
1/4 . . . . (egy) negyed [(ädj) nädjäd]
3/4 . . . . háromnegyed [hahromnädjäd]

Millimeter . . . . millimeter [millimehtär]
Zentimeter . . . . centiméter [zäntimehtär]
Meter . . . . méter [mehtär]
Kilometer . . . . kilométer [kilomehtär]
Meile . . . . mérföld [mehrföld]
Quadratkilometer . . . . . . négyzetkilométer [nehdjsätkilomehter]
Hektar . . . . hektár [häktahr]

Liter . . . . liter [litär]

Gramm . . . . gramm [gromm]
100 Gramm . . . . tíz dekagramm [tihs däkogromm]
Kilogramm . . . . kilogramm [kilogromm]

Dutzend . . . . tucat [tuzot]

2000 . . . . kétezer [kehtäsär]
2001 . . . . kétezeregy [kehtäsärädj]

Zeit

UHRZEIT	PONTOS IDŐ [pontosch idöh]
Wie viel Uhr ist es?	**Hány óra (van)?** [hahnj ohro (wonn)]
Es ist genau/ungefähr …	Pontosan/Körülbelül … van. [pontoschonn/körülbälül … wonn]

	3 Uhr.	három óra [hahrom ohro]
	5 nach 3.	öt perccel múlt három [öt pärzzäl muhlt hahrom]
	3 Uhr 10.	tíz perccel múlt három [tihs pärzzäl muhlt hahrom]
	Viertel nach 3.	negyed négy [nädjäd nehdj]
	halb 4.	fél négy [fehl nehdj]
	Viertel vor 4.	háromnegyed négy [hahromnädjäd nehdj]
	5 vor 4.	öt perc múlva négy [öt pärz muhlwo nehdj]
	12 Uhr mittags/ Mitternacht.	Dél van. [dehl wonn]/ Éjfél van. [ehjfehl wonn]

„Es hat noch Zeit"

Ráérünk arra még" [raehrünk orro mehg] . Die Ungarn legen keinen allzu großen Wert auf Pünktlichkeit. Wenn Sie zu einer ungarischen Familie eingeladen werden, dürfen Sie sich trotz des vereinbarten Zeitpunkts noch etwas Zeit lassen. Für die Mentalität gilt auch: Eile mit Weile! Der Dichter Sándor Petőfi ließ in einem Gedicht in der ersten Hälfte des 19. Jhds. den Edelmann Pál Pató sagen: "Ej, ráérünk arra még" [äj raehrünk orro mehg] („Keine Sorge, hat noch Zeit"). Seitdem ist "Pató Pál" ein geflügeltes Wort für den ewigen Verzögerer.

Um wie viel Uhr?/ Wann?	**Hány órakor?/Mikor?** [hahnj ohrockor/ mikor]
Um 1 Uhr.	Egy órakor. [ädj ohrockor]
Gegen 4 Uhr.	Négy óra körül. [nehdj ohro körül]
In einer Stunde.	Egy óra múlva. [ädj ohro muhlwo]
Nicht vor 9 Uhr morgens.	Reggel kilenc előtt nem. [räggäl kilänz älöhtt näm]
Nach 8 Uhr abends.	Este nyolc után. [äschtä njolz utahn]
Zwischen 3 und 4.	Három és négy között. [hahrom ehsch nehdj kösött]
Wie lange?	**Mennyi ideig?** [männji idäjig]
Zwei Stunden (lang).	Két órát./Két óra hosszat. [keht ohraht/keht ohro hossott]
Von 10 bis 11.	Tíztől tizenegyig. [tihstöhl tisänädjig]
Bis 5 Uhr.	Öt óráig. [öt ohraig]
Seit wann?	**Mióta?** [miohto]
Seit 8 Uhr morgens.	Reggel nyolc óta. [räggäl njolz ohto]
Seit einer halben Stunde.	Fél órája. [fehl ohrahjo]
Seit acht Tagen.	Nyolc napja. [njolz noppjo]

SONSTIGE ZEITANGABEN — AZ IDŐ MEGADÁSÁNAK EGYÉB MÓDJAI [os idöh mägoddahschahnock ädjehbb mohdjoi]

abends	este [äschtä]
alle halbe Stunde	félóránként [fehlohrahnkehnt]
alle zwei Tage	két naponként [keht nopponkehnt]
am Sonntag	vasárnap [woschahrnopp]
am Wochenende	hétvégén [hehtwehgehn]
bald	hamarosan [hommorroschonn]
diese Woche	ezen a héten [äsän o hehtän]
gegen Mittag	dél körül [dehl körül]
gestern	tegnap [tägnopp]
heute	ma [mo]
in 14 Tagen	tizennégy nap múlva [tisännehdj nopp muhlwo]
innerhalb einer Woche	egy héten belül [ädj hehtän bälül]
jeden Tag	minden nap [mindännopp]
jetzt	most [moscht]
kürzlich	nemrég [nämrehg]
letzten Montag	múlt hétfőn [muhlt hehtföhn]
manchmal	néha [nehho]
mittags	délben [dehlbän]
morgen	holnap [holnopp]
morgens	reggel [räggäl]

nachmittags	délután [dehlutahn]
nächstes Jahr	jövőre [jöwöhrä]
nachts	éjjel [ehjjäl]
stündlich	óránként [ohrahnkehnt]
täglich	naponta [nopponto]
übermorgen	holnapután [holnopputahn]
von Zeit zu Zeit	időről időre [idöhröl idöhrä]
vor zehn Minuten	tíz perccel ezelőtt [tihs pärzzäl äsälöhtt]
vorgestern	tegnapelőtt [tägnoppälöhtt]

DATUM — DÁTUM [dahtum]

Den Wievielten haben wir heute?	Hányadika van ma? [hahnjoddiko wonn mo]
Heute ist der 1. Mai.	Ma május elseje van. [mo mahjusch älschäjä wonn]

WOCHENTAGE — A HÉT NAPJAI [o heht noppjoi]

Montag	hétfő [hehtföh]
Dienstag	kedd [kädd]
Mittwoch	szerda [ssärdo]
Donnerstag	csütörtök [tschütörtök]
Freitag	péntek [pehntäk]
Samstag	szombat [ssombott]
Sonntag	vasárnap [woschahrnopp]

MONATE — HÓNAPOK [hohnoppok]

Januar	január [jonnuahr]
Februar	február [fäbruahr]
März	március [mahrziusch]
April	április [ahprilisch]
Mai	május [mahjusch]
Juni	június [juhniusch]
Juli	július [juhliusch]
August	augusztus [augusstusch]
September	szeptember [ssäptämbär]
Oktober	október [oktohbär]
November	november [nowämbär]
Dezember	december [däzämbär]

JAHRESZEITEN — ÉVSZAKOK [ehwssockok]

Frühling	tavasz [towwoss]
Sommer	nyár [njahr]
Herbst	ősz [öhss]
Winter	tél [tehl]

FEIERTAGE — ÜNNEPNAPOK [ünnäpnoppok]

Gesetzliche Feiertage sind mit * gekennzeichnet.

Neujahr*	újév [uhjehw]
Dreikönigstag	háromkirályok napja [hahromkirahjok noppjo]
Karneval	farsang [forrschonng]
Fastnachtsdienstag	húshagyókedd [huhschhoddjohkädd]
Aschermittwoch	hamvazószerda [hommwossohssärdo]
Tag des Befreiungskampfes 1848* (15. März)	Az 1848-as szabadságharc ünnepe [os äsärnjolzssahsnädjwännjolzosch ssobboddschahghorrz ünnäpä]
Ostern	húsvét [huhschweht]
Ostermontag*	húsvéthétfő [huhschwehthehtföh]
Tag der Arbeit* (1. Mai)	a munka ünnepe [o munko ünnäpä]
Fronleichnam	úrnapja [uhrnoppjo]
Feier des Hl. Stephans* (20. August)	Szent István ünnepe [ssänt ischtwahn ünnäpä]
23. Oktober (Tag der Republik)*	Október 23. [oktohbär hussonhorrmoddiko]
Allerheiligen (1. November)	mind(en)szentek/november elseje [mind(än)sänták/nowämbär älschäjä]
Heiliger Abend	szenteste [ssäntäschtä]
Weihnachten	karácsony [korrahtschonj]
1. Weihnachtsfeiertag*	karácsony első napja [korrahtschonj älschöh noppjo]
2. Weihnachtsfeiertag*	karácsony második napja [korrahtschonj mahschodik noppjo]
Silvesterabend	szilveszter [ssilwässtär]

WETTER

Wie wird das Wetter heute?	Milyen lesz az idő ma? [mijän läss os idöh mo]
Es bleibt schön/schlecht.	Az idő szép/rossz marad. [os idöh ssehp/ross morrodd]
Es wird wärmer/kälter.	Melegebb/Hidegebb lesz. [mälägäbb/hidägäbb läss]
Es wird regnen/schneien.	Esni/Havazni fog. [äschn /howwosni fog]
Es ist kalt/heiß/schwül.	Az idő hideg/meleg/fülledt. [os idöh hidäg/mäläg/füllätt]

Wie viel Grad haben wir heute?	Hány fok van ma? [hahnj fok wonn mo]
Es ist 20 Grad.	Húsz fok van. [huhss fok wonn]

bewölkt . . . . felhős [fälhöhsch]
Blitz . . . . villám [willahm]
Donner . . . . mennydörgés [männjdörgehsch]
Frost . . . . fagy [foddj]
Gewitter . . . . zivatar [siwottorr]
Glatteis . . . . síkosság [schihkoschschahg]
heiß . . . . forró [forroh]
kalt . . . . hideg [hidäg]
Klima . . . . éghajlat [ehghojjlott]
Luft . . . . levegő [läwägöh]
nass . . . . nedves [nädwäsch]
Nebel . . . . köd [köd]
Regen . . . . eső [äschöh]
Schnee . . . . hó [hoh]
schwül . . . . fülledt [füllätt]
Sonne . . . . nap [nopp]
sonnig . . . . napos [nopposch]
Temperatur . . . . hőmérséklet [höhmehrschehklät]
Trockenheit . . . . szárazság [ssahrosschahg]
Überschwemmung . . . . . áradás [ahroddahsch]
warm . . . . meleg [mäläg]
wechselhaft . . . . változékony [wahltosehkonj]
Wind . . . . szél [ssehl]
Wolke . . . . felhő [fälhöh]

Auf der Reise

Wie weit ist es noch?

Ungarn ist Budapest, der Plattensee und ... das Donau-Knie. Nahe der Hauptstadt gelegen, bietet es linksseitig große Erholungsgebiete und rechtsseitig geschichtsträchtige sehenswerte Städte wie Esztergom und Visegrád. Ungarn ist auch Transdanubien, nicht nur, weil mitten drin der Plattensee liegt, sondern auch, weil es eine abwechslungsreiche Landschaft mit Weinanbau, Mittelgebirgen und Kulturgeschichte auf Schritt und Tritt ist. Und Ungarn ist darüberhinaus der überwiegende Teil dieses freundlichen, erholsamen Landes.

Mautchaos

Ungarische Autobahnen sind bis auf die M7 (zwischen Budapest und dem Balaton) mautpflichtig. Die Art und Weise der Zahlung ist uneinheitlich und häufigen Änderungen unterworfen. Die Gebühr ist in der Regel an der Mautstelle in bar zu entrichten – für bestimmte Autobahnen kann man aber auch einen Aufkleber "matrica" [mottrizo] oder eine Autobahnkarte "autópálya-kártya"[outohpahjockahrtjo] kaufen. Die mangelnde einheitliche Regelung liegt daran, dass die Autobahnen teils dem Staat, teils verschiedenen Betreibergesellschaften gehören. Aktuelle Informationen erteilen der Verkehrsinformationsdienst UTINFORM (Tel: (036) 1 322 366) oder die Fremdenverkehrsbüros.

... MIT DEM AUTO/MOTORRAD/FAHRRAD

ENTSCHULDIGUNG, WIE KOMME ICH NACH ...?	BOCSÁNAT, HOGY JUTOK EL ... BA/BE? [botschahnott hodj jutok äl ... bo/bä]
Wie weit ist das?	Milyen messze van? [mijän mässä wonn]
Bitte, ist das die Straße nach ...?	Ez az út vezet ... felé, kérem? [äs os uht wäsät ... fäleh kehräm]
Wie komme ich zur Autobahn nach ...?	Hogy jutok el az autópályára ... felé? [hodj jutok äl os outohpahjahro ... fäleh]
Immer geradeaus bis ...,	Menjen egyenesen ...ig, [männjän ädjänäschän ...ig]
dann ...	azután ... [osutahn]
bei der Ampel	a jelzőlámpánál [o jälsöhlahmpahnahl]
an der nächsten Ecke	a következő saroknál [o köwätkäsöh schorroknahl]
links/rechts abbiegen.	forduljon balra/jobbra. [forduljon bollro/jobbro]

VOLL TANKEN, BITTE	TELE KÉREM [tälä kehräm]
Wo ist bitte die nächste Tankstelle?	Hol (van) a legközelebbi benzinkút? [hol (wonn) o lägkösäläbbi bänsinkuht]

Hab acht!

Folgende Vorschriften sind auf jeden Fall zu beachten: Außerhalb von Ortschaften muss auch tagsüber das Abblendlicht eingeschaltet werden, Autofahrer dürfen keinen Tropfen Alkohol zu sich nehmen, das Handyverbot am Steuer gilt auch in Ungarn.

Ich möchte ... Liter	Kérek ... liter [kehräk litär]
Normalbenzin	normálbenzint [normahlbänsint]
Super	szupert [ssupärt]
Diesel	dízelt [dihsält]
bleifrei	ólommenteset [ohlommäntäschät]
mit ... Oktan	... oktánszámút [...oktahnssahmuht]

Allroundservice

Tankstellen internationaler Ketten mit wie in Deutschland üblichem Allroundservice sind bereits verbreitet. Selbstbedienung ist zwar die Regel, aber die Fahrer von Autos mit „westlichen" Kennzeichen werden oft in der Hoffnung auf Trinkgeld bedient.

Prüfen Sie bitte den Ölstand/den Reifendruck.	Ellenőrizze kérem az olajszintet/a levegőnyomást. [ällänöhrissä kehräm os olojjssintät/o läwägöhnjomahscht]

PARKEN	**PARKOLÁS** [porrkolahsch]
Gibt es hier in der Nähe eine Parkmöglichkeit?	Lehet itt a közelben parkolni? [lähät itt o kösälbän porrkolni]
Kann ich den Wagen hier abstellen?	Leállíthatom itt a kocsit? [läahllihthottom itt o kotschit]

ICH HABE EINE PANNE	**DEFEKTEM VAN** [däfäktäm wonr]
Ich habe einen Platten.	Gumidefektem van. [gumidäfäktäm wonn]

Würden Sie mir bitte einen Mechaniker/ einen Abschleppwagen schicken?	Tudna nekem egy szerelőt/vontatókocsit küldeni? [tudno näkäm ädj ssärälöht/wontot-tohkotschit küldäni]
Könnten Sie mir mit Benzin aushelfen?	Ki tudna segíteni benzinnel? [ki tudno schägihtäni bänsinnäl]
Könnten Sie mir beim Reifenwechsel helfen?	Tudna nekem segíteni a gumit kicserélni? [tudno näkäm schägihtäni o gumit kitschärehl-ni]
Würden Sie mich bis zur nächsten Werkstatt mitnehmen?	El tudna engem a legközelebbi javítóműhelyig vinni? [äl tudno ängäm o läg-kösäläbbi jowwihtohmühhäjig winni]

WO IST HIER IN DER NÄHE EINE WERKSTATT? — HOL VAN ITT A KÖZELBEN EGY MŰHELY? [hol wonn itt o kösälbän ädj mühhäj]

Mein Wagen springt nicht an.	A kocsim nem indul be. [o kotschim näm indul bä]
Die Batterie ist leer.	Az akkumulátor lemerült. [oss ockumulahtor lämärült]
Mit dem Motor stimmt was nicht.	A motorral valami nincs rendben. [o motorroll wollommi nintsch rändbän]
Die Bremsen funktionieren nicht.	A fék nem működik. [o fehk näm mühködik]
Der Wagen verliert Öl.	A kocsiból csöpög az olaj. [o kotschibohl tschöpög os olojj]
Können Sie mal nachsehen?	Meg tudná nézni? [mäg tudnah nehsni]
Wechseln Sie bitte die Zündkerzen aus.	Cserélje ki a (gyújtó)gyertyákat, kérem. [tschärehljä ki o (djuhjtoh)djärtjahkott kehräm]
Was wird es kosten?	Mennyibe fog kerülni? [männjibä fog kärülni]

ES IST EIN UNFALL PASSIERT — EGY BALESET TÖRTÉNT [ädj bolläschät törtehnt]

Rufen Sie bitte schnell …	Hívja gyorsan [hihwjo djorschonn]
einen Krankenwagen.	a mentőket. [o mäntöhkät]
die Polizei.	a rendőrséget. [o rändöhrschehgät]
die Feuerwehr.	a tűzoltókat. [o tühsoltohkott]

Haben Sie Verbandszeug?	Van kötszere? [wonn kötssärä]
Es war meine Schuld.	Én vagyok a hibás. [ehn woddjok o hibahsch]
Es war Ihre Schuld.	Ön a hibás. [ön o hibahsch]
Sollen wir die Polizei holen, oder können wir uns so einigen?	Hívjuk a rendőrséget, vagy meg tudunk egyezni? [hihwjuk o rändöhrschehgät woddj mäg tudunk ädjäsni]
Ich möchte den Schaden durch meine Versicherung regeln lassen.	Szeretném a kárt a biztosítómmal megtéríttetni. [ssärätnehm o kahrt o bistoschihtohmmoll mägtehrihttätni]
Geben Sie mir bitte Ihren Namen und Ihre Anschrift.	Adja meg kérem a nevét és a címét. [oddjo mäg kehräm o näweht ehsch o zihmeht]
Vielen Dank für Ihre Hilfe.	Köszönöm a segítségét. [kössönöm o schägihtschehgeht]

AUTO-/MOTORRAD-/FAHRRAD-VERMIETUNG — AUTÓ-/MOTORKERÉKPÁR-/KERÉKPÁRBÉRLÉS [outoh-/motor-kärehkpahr-/ kärehkpahrbehrlehsch]

Ich möchte …	Szeretnék … [ssärätnehk]
… für zwei Tage…	… két napra … [keht noppro]
… für eine Woche …	… egy hétre … [ädj hehträ]
einen (Gelände-)Wagen	egy (terepjáró) kocsit [ädj (täräpjahroh) kotschit]
ein Motorrad	egy motor(kerékpár)t [ädj motor(kärehkpahr)t]
ein Fahrrad	egy kerékpárt [ädj kärehkpahrt]
… mieten.	… bérelni. [behrälni]
Wie viel verlangen Sie pro gefahrenen km?	Mennyit kér a megtett kilométerekért? [männjit kehr o mägtätt kilomehtäräkehrt]
Ist das Fahrzeug vollkaskoversichert?	Van a gépjárműnek teljes kaszkója? [wonn o gehpjahrmühnäk täljäsch kosskohjo]
Ist es möglich, das Fahrzeug in … abzugeben?	Leadhatom az autót …ban/ben? [läoddhottom os outoht …bonn/bän]

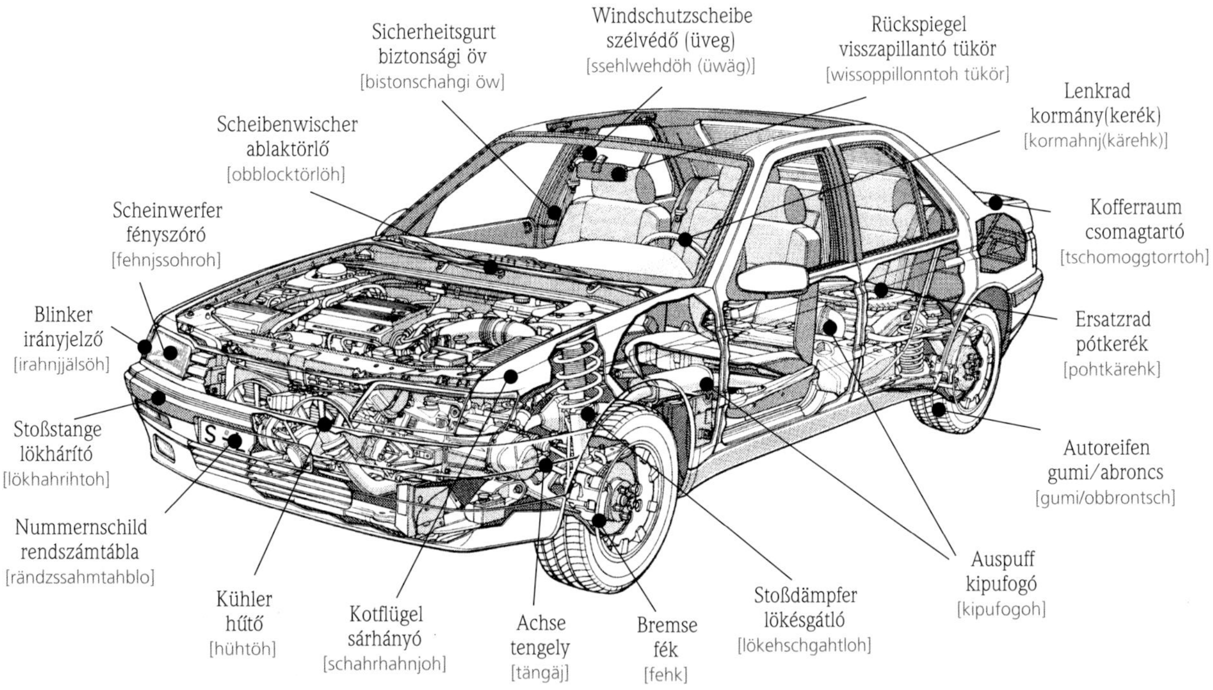
Sicherheitsgurt
biztonsági öv
[bistonschahgi öw]
Windschutzscheibe
szélvédő (üveg)
[ssehlwehdöh (üwäg)]
Rückspiegel
visszapillantó tükör
[wissoppillonntoh tükör]
Lenkrad
kormány(kerék)
[kormahnj(kärehk)]
Scheibenwischer
ablaktörlő
[obblocktörlöh]
Kofferraum
csomagtartó
[tschomoggtorrtoh]
Scheinwerfer
fényszóró
[fehnjssohroh]
Ersatzrad
pótkerék
[pohtkärehk]
Blinker
irányjelző
[irahnjjälsöh]
Stoßstange
lökhárító
[lökhahrihtoh]
Autoreifen
gumi/abroncs
[gumi/obbrontsch]
Nummernschild
rendszámtábla
[rändzssahmtahblo]
Auspuff
kipufogó
[kipufogoh]
Kühler
hűtő
[hühtöh]
Kotflügel
sárhányó
[schahrhahnjoh]
Achse
tengely
[tängäj]
Bremse
fék
[fehk]
Stoßdämpfer
lökésgátló
[lökehschgahtloh]

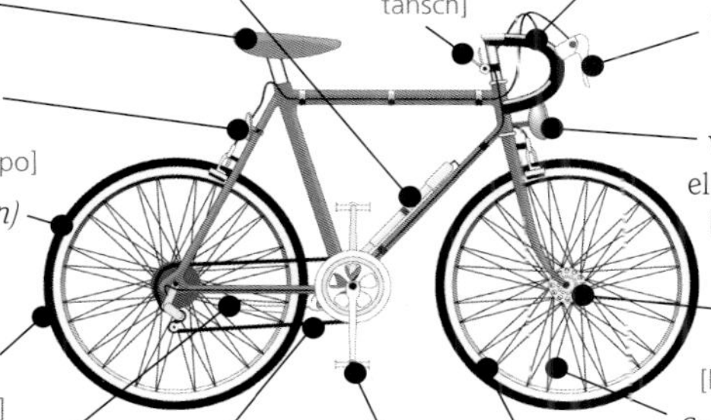

Abblendlicht .... tompított fényszóró [tompihtott fehnjsohroh]
abschleppen .... elvontat [älwontott]
Abschlepp|seil .... vontatókötél [wontottohkötehl]
~wagen .... vontatókocsi [wontottohkotschi]
Ampel .... közlekedési lámpa [kösläkädehschi lahmpo]
Anlasser .... önindító [önindihtoh]
Autobahn .... autópálya [outohpahjo]
Baustelle .... építkezés [ehpihtkäsehsch]
Benzin .... benzin [bänsin]
~kanister .... benzinkanna [bänsinkonno]
Bremsbelag .... fékbetét/fékpofa [fehkbäteht/fehkpofo]
Bußgeld .... bírság [bihrschahg]
Defekt .... hiba [hibo]
Dichtung .... tömítés [tömihtehsch]
Fahrrad .... kerékpár/bicikli [kärehkpahr/bizikli]
Fahrspur .... sáv [schahw]
Fernlicht .... távfény [tahvfehnj]
Flickzeug .... foltozókészlet [foltosohkehssl ät]
Führerschein .... (gépjárművezetői) jogosítvány [(gehpjahrmühwäsätöi) jogoschihtwahnj]
Fußbremse .... lábfék [lahbfehk]
Gang .... menet/sebesség [mänät/schäbäschschehg]
Gaspedal .... gázpedál [gahspädahl]
gebrochen .... eltört [ältört]

Handbremse	kézifék [kehsifehk]
Heizung	fűtés [führtehsch]
Hupe	kürt/duda [kürt/dudo]
Kabel	kábel [kahbäl]
Karosserie	karosszéria [korrossehrio]
Keilriemen	ékszíj [ehkssihj]
Klingel	csengő [tschängöh]
Kühlwasser	hűtővíz [hühtöhwihs]
Kupplung	kuplung [kuplung]
Kurve	kanyar [konnjorr]
Kurzschluss	rövidzárlat [röwidsahrlott]
Landstraße	országút [orssahguht]
Lastwagen	teherautó [tähäroutoh]
Lichtmaschine	dinamó [dinommoh]
Motor	motor [motor]
~rad	motorkerékpár [motorkärehkpahr]
~roller	robogó [robogoh]
Notrufsäule	segélykérő telefon [schägehjkehröh täläfon]
Oktanzahl	oktánszám [oktahnssahm]
Öl	olaj [olojj]
~wechsel	olajcsere [olojjtschärä]
Panne	defekt [däfäkt]
Pannendienst	autómentő, „sárga angyal“ [outohmäntöh, schahrgo onndjoll]
Papiere	papírok [poppihrok]
Parklhaus	parkolóház [porrkolohhahs]
~platz	parkoló(hely) [porrkoloh(häj)]
Promille	ezrelék [äsrälehk]
PS	lóerő [lohäröh]
Radarkontrolle	radarellenőrzés [roddorrällänöhrsehsch]

Immer mit der Ruhe

Radarkontrollen sind auch in Ungarn häufig. Eine Geschwindigkeitsübertretung "gyorshajtás" [djorschhojjtahsch] wird mit einer „am Tatort" in bar zu zahlenden Geldbuße, dem "helyszíni bírság" [häjssihni bihrschahg] geahndet.

Raststätte	pihenőhely [pihänöhhäj]
Schaltgetriebe	sebességváltó [schäbäschschehgwahltoh]
Schalthebel	sebességváltókar [schäbäschschehgwahltohkorr]
Schiebedach	tolótető [tolohtätöh]
Schraube	csavar [tschowworr]
Schraubenschlüssel	csavarkulcs [tschowworrkultsch]

Schutzblech	sárhányó [schahrhahnjoh]
Sicherung	biztosító [bistoschihtoh]
Standlicht	helyzetjelző lámpa [häjsätjälsöh lahmpo]
Starthilfekabel	indítókábel [indihtohkahbäl]
Stau	forgalmi dugó [forgollmi dugoh]
Straße	utca [uzzo]
Straßenkarte	autótérkép [outohtehrkehp]
Sturzhelm	bukósisak [bukohschischock]
Tachometer	sebességmérő [schäbäschschehgmehröh]
Tankstelle	benzinkút [bänsinkuht]
Tramper/in	(autó)stoppos [(outoh)schtopposch]
Umleitung	terelőút [tärälöuht]
Ventil	szelep [ssäläp]
Vergaser	porlasztó [porlosstoh]
Versicherungskarte, grüne	biztosítási kártya, zöld kártya [bistoschihtahschi kahrtjo, söld kahrtjo]
Vollkasko	teljes kaszkó [täljäsch kosskoh]
Wagen|heber	emelő [ämälöh]
~wäsche	autómosás [outohmoschahsch]
Warn|blinker	vészvillogó [wehsswillogoh]
~dreieck	elakadásjelző háromszög [älockoddahschjälsöh hahromssög]
Wegweiser	útjelző [uhtjälsöh]
Werk|statt	(javító-)műhely, szerviz [(jowwihoh)mühhäj, ssärwihs]
~zeug	szerszám [ssärssahm]
Zünd|kerze	(gyújtó)gyertya [(djuhjtoh)djärtjo]
~schloss	gyujtáskapcsoló [djuhjtahschkopptscholoh]
~schlüssel	sluszkulcs [schlusskultsch]
Zündung	gyújtás [djuhjtahsch]

... MIT DEM FLUGZEUG

ABFLUG	INDULÁS [indulahsch]
Wo ist der Schalter der ...-Fluggesellschaft?	Hol van a ... légitársaság pultja? [hol wonn o ... lehgitahrschoschahg pultjo]
Wann fliegt die nächste Maschine nach ...?	Mikor megy a következő gép ... ba/be? [mikor mädj o köwätkäsöh gehp ... bo/bä]
Ich möchte einen einfachen Flug nach ... buchen.	Szeretnék egy oda utat ... ba/be foglalni. [ssärätnehk ädj odo utott ... bo/bä foglollni]
Sind noch Plätze frei?	Van még szabad hely? [wonn mehg ssobbodd häj]

Ich möchte diesen Flug stornieren.	Szeretném ezt a repülőutat lemondani. [ssärätnehm äst o räpülöutott lämondonni]
Kann ich das als Handgepäck mitnehmen?	Vihetem ezt kézipoggyászként a gépre? [wihätäm äst kehsipoddjahsskehnt o gehprä]
Hat die Maschine nach ... Verspätung?	Késik a(z) ...i gép? [kehschik o(s) ...i gehp]
Ist die Maschine aus ... schon gelandet?	Leszállt már a(z) ...i gép? [lässahllt mahr o(s) ...i gehp]

ANKUNFT — ÉRKEZÉS [ehrkäsehsch]

Mein Gepäck ist verloren gegangen.	Elveszett a csomagom. [älwässätt o tschomoggom]
Mein Koffer ist beschädigt worden.	A kofferem megrongálódott. [o koffäräm mägrongahlohdott]

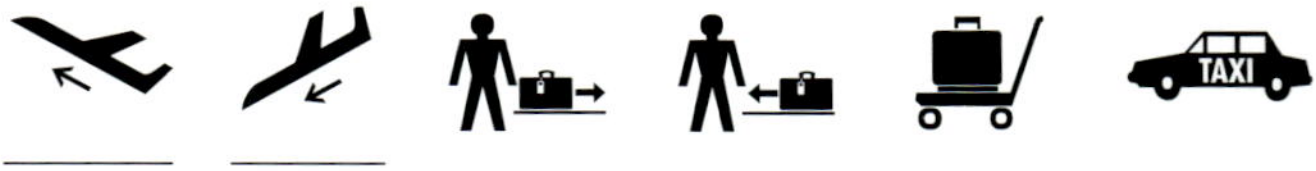

Ankunftszeit	érkezési idő [ehrkäsehschi idöh]
Anschluss	csatlakozás [tschottlockosahsch]
anschnallen, sich	övet becsatol [öwät bätschottol]
Anschnallgurt	biztonsági öv [bistonschahgi öw]
Besatzung	legénység [lägehnjschehg]
an Bord	a fedélzeten [o fädehlsätän]
Bordkarte	fedélzeti kártya [fädehlsäti kahrtjo]
Buchung	foglalás [foglollahsch]
Chartermaschine	chartergép [tschahrtärgehp]
Direktflug	közvetlen légiút [köswätlän lehgiuht]
einchecken	bejelentkezik [bäjäläntkäsik]
Fenstersitz	ablak melletti ülőhely [obblock mällätti ülöhhäj]
Flug	repülés/légiút [räpülehsch/lehgiuht]
~gesellschaft	légitársaság [lehgitahrschoschahg]
~hafenbus	repülőtéri busz [räpülöhtehri buss]
~hafengebühr	repülőtéri illeték [räpülöhtehri illätehk]
~plan	menetrend [mänätränd]
~schein	repülőjegy [räpülöhjädj]
~steig	utaslépcső [utoschlehptschöh]
~strecke	légi útszakasz [lehgi uhtssockoss]
~zeug	repülőgép [räpülöhgehp]
Gepäck	csomag/poggyász [tschomogg/poddjahss]
~abfertigung	poggyászfeladás [poddjahssfäloddahsch]
~ausgabe	poggyászkiadás [poddjahsskioddahsch]
Handgepäck	kézipoggyász [kehsipoddjahss]
Hinflug	odaút (repülővel) [odouht (räpülöhväl)]

Hubschrauber	helikopter [hälikoptär]
Kapitän	kapitány [koppitahnj]
Landung	leszállás [lässahllahsch]
Linienmaschine	menetrend szerinti járat [mänätränd ssärinti jahrott]
Nichtraucher	nemdohányzó [nämdohahnjsoh]
Notlausgang	vészkijárat [wehsskijahrott]
~landung	kényszerleszállás [kehnjssärlässahllahsch]
~rutsche	vészcsúzda [wehsstschuhsdo]
Passagier	utas [utosch]
Pilot/in	pilóta [pilohto]
planmäßiger Abflug	menetrend szerinti indulás [mänätränd ssärinti indulahsch]
Raucher	dohányzó [dohahnjsoh]
Rollfeld	kifutópálya [kifutohpahjo]
Rückflug	visszaút (repülővel) [vissouht (räɔülöhwäl)]
Schalter	pult/pénztár [pult/pehnstahr]
Schwimmweste	úszómellény [uhssohmällehnj]
Sicherheitskontrolle	biztonsági ellenőrzés [bistonschahgi ällänöhrsehsch]
Steward/ess	steward(ess) [stjuahrd(äss)] légikísérő [lehgikihschehröh]
stornieren	lemond [lämond]
umbuchen	átbukkol [ahtbuckol]
Verspätung	késés [kehschehsch]
zollfreier Laden	vámmentes árúk boltja [wahmmäntäsch ahruk boltjo]
Zwischenlandung	közbeeső leszállás [kösbääschöh lässahllahsch]

... MIT DER EISENBAHN

ABFAHRT	INDULÁS [indulahsch]
Bitte eine einfache Fahrt	Egy odautat kérek ... [ädj odoutott kehräk]
2. Klasse	másodosztályon [mahschodosstahjon]
1. Klasse	első osztályon [älschöh osstahjon]
nach ...	...ba/be. [... bo/bä]
Zweimal ... hin und zurück, bitte.	Kétszer ... oda-vissza, kérem. [kehtssär ... odo wisso kehräm]
Gibt es eine Ermäßigung für Kinder/Studenten?	Van kedvezmény gyermekeknek/ diákoknak? [wonn kädwäsmehnj djärmäkäknäk/ diahkoknock]

Bitte eine Platzkarte für den Zug um ... Uhr nach ...	Kérek egy helyjegyet a(z) ... órás vonatra ...ba/be. [kehräk ädj häjjädjät o(s) ... ohrahsch wonottro ...bo/bä]
Hat der Zug aus ... Verspätung?	Késik a ...i vonat? [kehschik o ...i wonott]
Habe ich in ... Anschluss an die Fähre?	Van ... ban/ben csatlakozás a kompra? [wonn ... bonn/bän tschottlockosahsch o kompro]
Muss ich umsteigen?	Át kell szállnom? [aht käll ssahllnom]
Wo muss ich umsteigen?	Hol kell átszállnom? [hol käll ahtssahllnom]
Von welchem Gleis fährt der Zug nach ... ab?	Melyik vágányról indul a vonat ... ba/be? [mäjik wahgahnjrohl indul o wonott ... bo/bä]

IM ZUG — A VONATBAN [o vonottbonn]

Verzeihung, ist dieser Platz noch frei?	Bocsánat, szabad ez a hely? [botschahnott ssobbodd äs o häj]
Hält dieser Zug in ...?	Megáll ez a vonat ...ban/ben? [mägahll äs o wonott ...bonn/bän]

Abfahrt	indulás [indulahsch]
Abfahrtszeit	indulási idő [indulahschi idöh]
Abteil	fülke/szakasz [fülkä/ssockoss]
ankommen	érkezik [ehrkäsik]
Aufenthalt	tartózkodás [torrtohskodahsch]
aussteigen	kiszáll [kissahll]
Bahnhof	pályaudvar [pahjoudworr]
Bahnhofsrestaurant	vasúti étterem [woschuhti ehttäräm], resti [räschti]
besetzt	foglalt [foglollt]
D-Zug	gyorsvonat [djorschwonott]
EC (Eurocity)	nemzetközi vonat [nämsätkösi wonott]
Eilzug	sebesvonat [schäbäschwonott]
einsteigen	beszáll [bässahll]
Eisenbahn	vasút [woschuht]
~fähre	vasúti komp [woschuhti komp]
Ermäßigung	kedvezmény [kädwäsmehnj]
Fahr|karte	menetjegy [mänätjädj]
~kartenkontrolle	menetjegyellenőrzés [mänätjädjällänöhrsehsch]
~kartenschalter	jegypénztár [jädjpehnsstahr]
~plan	menetrend [mänätränd]

~preis	menetdíj [mänätdihj]
Fensterplatz	ablak melletti hely [obblock mällätti häj]
frei	szabad [ssobbodd]
Gepäck	csomag/poggyász [tschomogg/poddjahss]
~aufbewahrung	csomagmegőrző [tschomoggmägöhrsöh]
~schein	csomagjegy [tschomoggjädj]
Gleis	vágány [wahgahnj]
Hauptbahnhof	főpályaudvar [föhpahjoudworr]
Kinderfahrkarte	gyermekjegy [djärmäkjädj]
Nichtraucherabteil	nemdohányzó szakasz [nämdohahnjsoh ssockoss]
Notbremse	vészfék [wehssfehk]
Platzkarte	helyjegy [häjjädj]
Raucherabteil	dohányzó szakasz [dohahnjsoh ssockoss]
Reservierung	foglalás [foglollahsch]
Rückfahrkarte	retúrjegy [rätuhrjädj]
Speisewagen	étkezőkocsi [ehtkäsöhkotschi]
Toilette	WC [wehzeh]
Wartesaal	váróterem [wahrohtäräm]
Zuschlag	pótdíj/felár [pohtdihj/fälahr]

... MIT DEM SCHIFF

IM HAFEN	A KIKÖTŐBEN [o kikötöhbän]
Wann fährt das nächste Schiff nach ... ab?	Mikor megy a következő hajó ... ba/be? [mikor mädj o köwätkäsöh hojjoh ... bo/bä]
Wie lange dauert die Überfahrt?	Mennyi ideig tart az átkelés? [männji idäig torrt os ahtkälehsch]
Wann legen wir in ... an?	Mikor kötünk ki ... ban/ben? [mikor kötünk ki ... bonn/bän]
Ich möchte eine Schiffskarte nach ...	Kérnék egy hajójegyet ... ba/be. [kehrnehk ädj hojjohjädjät ... bo/bä]
Ich möchte eine Karte für die Rundfahrt um ... Uhr.	Kérnék egy jegyet a körutazásra ... órakor. [kehrnehk ädj jädjät o körutosahschro ... ohrockor]

AN BORD	A FEDÉLZETEN [o fädehlsätän]
Wo ist der Speisesaal/ der Aufenthaltsraum?	Hol van az étterem/társalgó? [hol wonn os ehttäräm/tahrschollgoh]
Ich fühle mich nicht wohl.	Rosszul érzem magam. [rossul ehrsäm moggomm]

anlaufen	befut [bäfut]
Anlegeplatz	kikötőhely [kikötöhhäj]
an Bord	a fedélzeten [o fädehlsätän]
auslaufen	kifut [kifut]
Buchung	foglalás [foglollahsch]
Bug	hajóorr [hojjoorr]
Dampfer	gőzhajó [göhshojjoh]
Deck	fedélzet [fädehlsät]
Fähre	komp [komp]
Auto~	autós komp [outohsch komp]
Eisenbahn~	vasúti komp [woschuhti komp]
Fahrkarte	(menet)jegy [(mänät)jädj]
Hafen	kikötő [kikötöh]
Heck	far [forr]
Jacht	jacht [johht]
Kabine	kabin [kobbin]
Kai	rakpart [rockporrt]
Kajüte	kajüt [kojjüt]
Kapitän	kapitány [koppitahnj]
Landesteg	móló [mohloh]
Luftkissenboot	felfújható gumicsónak [fälfuhjhottoh gumitschohnock]
Motorboot	motorcsónak [motortschohnock]
Passagier	utas [utosch]
Rettungs|boot	mentőcsónak [mäntöhtschohnock]
~ring	mentőöv [mäntööw]
Ruderboot	evezős csónak [äwäsöhsch tschohnock]
Rundfahrt	körutazás [körutosahsch]
Schwimmweste	úszómellény [uhssohmällehnj]
Steward	steward [stjuahrd]
Ufer	part [porrt]

Essen & Trinken

Die Speisekarte, bitte

Es ist unbedingt empfehlenswert, die Klassiker der ungarischen Küche zu probieren, z.B. das "pörkölt" (so heißt Gulasch auf Ungarisch), die Fischsuppe "halászlé" [hollahssleh] oder den Quarkstrudel "túrós rétes" [tuhrohsch rehtäsch] – Sie werden begeistert sein! Auch regionale Spezialitäten "tájjellegű ételek" [tahjjällägüh ehtäläk] sind köstlich. Vegetarisches ist im Kommen, wird aber nicht in der in Deutschland gewohnten Vielfalt angeboten.
Und durstig bleibt garantiert niemand in Ungarn, der Wein „fließt in Strömen", da das Land 22 Weinanbaugebiete hat.

Je einfacher, umso besser!

Die Devise gilt: je traditionellere Speisen man bestellt, umso besser speist man. Mit den Nationalspeisen oder Fleischgerichten können Sie nichts verkehrt machen. „Bessere" Restaurants können leider bei gastronomischen Kreationen mit Gemüsebeilagen aus der Dose enttäuschen.

Wir gehen essen

Wo gibt es hier …	Hol van itt … [hol wonn itt]
ein gutes Restaurant?	egy jó étterem? [ädj joh ehttäräm]
ein nicht zu teures Restaurant?	egy nem túl drága étterem? [ädj näm tuhl drahgo ehttäräm]
Reservieren Sie uns bitte für heute Abend einen Tisch für 4 Personen.	Foglaljon kérem nekünk ma estére egy asztalt négy személyre. [foglolljon kehräm näkünk mo äschtehrä ädj osstollt nehdj ssämehjrä]
Ist dieser Tisch/Platz noch frei?	Szabad ez az asztal/a hely? [ssobbodd äs os osstoll/o häj]
Einen Tisch für 2/3 Personen, bitte.	Szeretnénk egy asztalt két/három személyre. [ssärätnehnk ädj osstollt keht/hahrom ssämehjrä]
Wo sind bitte die Toiletten?	Hol van kérem a WC? [hol wonn kehräm o wehzeh]
Auf Ihr Wohl!	Egészségére! [ägehschehgehrä]
Darf ich rauchen?	Dohányozhatok? [dohahnjoshottok]

BESTELLUNG	**RENDELÉS** [rändälehsch]
Herr Ober/Bedienung, die … bitte.	Főúr/kisasszony, kérem az … [föuhr/ kischossonj kehräm os]
… Speisekarte …	… étlapot. [ehtloppot]
… Getränkekarte …	… itallapot. [itollopot]
Was können Sie mir empfehlen?	Mit tud ajánlani? [mit tud ojjahnlonni]
Was nehmen Sie als …?	Milyen … kér? [mijän … kehr]
Vorspeise	előételt [älöehtält]
Hauptgericht	fő fogást [föh fogahscht]
Nachtisch	desszertet [dässärtät]

Ich nehme ...	Kérek ...t [kehräk ...t]
Ich bin Vegetarier/in	Vegetáriánus vagyok. [vägätahriahnusch woddjok]
Wir haben leider kein/e ... (mehr).	Sajnos elfogyott a/az ... [schojjnosch älfodjott o/os]
Was wollen Sie trinken?	Mit akar inni? [mit ockorr inni]
Bitte ein Glas ...	Kérek egy pohár ...t. [kehräk ädj pohahr ...t]
Bitte eine Flasche/ eine halbe Flasche ...	Kérek egy üveg/fél üveg ...t. [kehräk ädj üwäg/fehl üwäg ...t]
Bitte bringen Sie uns ...	Kérem hozzon nekünk ... [kehräm hosson näkünk ...t]

Vegetarisches

Für Vegetarier eignen sich die landestypischen Eintöpfe "főzelék" [föhsälehk] aus Gemüsesorten wie Kartoffeln, grüne Bohnen oder Kürbis, die mit Mehlschwitze eingedickt und meistens mit Sauerrahm zubereitet werden.

REKLAMATION	PANASZ [ponnoss]
Haben Sie mein/e ... vergessen?	Elfelejtette az én ...t? [älfäläjtättä os ehn ...t]
Das habe ich nicht bestellt.	Nem ezt rendeltem. [näm äst rändältäm]
Holen Sie bitte den Chef.	Hívja kérem a főnököt. [hihwjo kehräm o föhnököt]

BEZAHLEN, BITTE	FIZETEK, KÉREM [fisätäk kehräm]
Bezahlen, bitte.	Fizetek, kérem. [fisätäk kehräm]
Bitte alles zusammen.	Kérem az egészet egybe számolni. [kehräm os ägehssät ädjbä ssahmo ni]
Getrennte Rechnungen, bitte.	Külön számlát kérünk. [külön ssahmlaht kehrünk]
Die Rechnung scheint mir nicht zu stimmen.	Szerintem a számla nem stimmel. [ssärintäm o ssahmlo näm schtimmäl]
Hat es geschmeckt?	Ìzlett? [ihslätt]
Das Essen war ausgezeichnet.	Az étel kitűnő volt. [os ehtäl kitühnöh wolt]
Das ist für Sie.	Ez az öné. [äs os öneh]
Es stimmt so.	Rendben van. [rändbän wonn]

Abendessen	vacsora [wottschoro]
Aschenbecher	hamutartó [hommutorrtoh]
Besteck	evőeszköz [äwöässkös]
Bestellung	rendelés [rändälehsch]
Brot	kenyér [känjehr]
Diabetiker	cukorbeteg [zukorbätäg]
Essig	ecet [äzät]
frisch	friss [frischsch]
Frühstück	reggeli [räggäli] ⇒ S. 42, 44

Frühstücken

Die Ungarn gehen selten frühstücken. Lokale mit einem entsprechenden Angebot sind schwer zu finden. Wer die erste Mahlzeit des Tages außer Haus genießen möchte, frühstückt am besten in einem Hotel oder "eszpresszó" [ässprässoh], einer Konditorei, die auch süßes und salziges Gebäck anbietet. Kaffee wird als kräftiger Mokka, als Cappuccino "kapucíner" [koppuzihnär] und inzwischen auch als deutscher Filterkaffee angeboten.

Gabel	villa [willo]
Gang	fogás [fogahsch]
gebacken	sült [schült]
gebraten	sült [schült]
gedämpft	párolt [pahrolt]
gedünstet	párolt [pahrolt]
gefüllt	töltött [töltött]
gekocht	főtt [föhtt]
geräuchert	füstölt [füschtölt]
Gericht	étel/fogás [ehtäl/fogahsch]
Getränk	ital [itoll] ⇒ S. 42, 48ff.
Gewürz	fűszer [fühssär]
Glas	pohár [pohahr]
Gräte	szálka [ssahlko]
Hauptspeise	fő fogás [föh fogahsch] ⇒ S. 45f.
hausgemacht	házi [hahsi]
heiß	forró [forroh]
kalt	hideg [hidäg]
Karaffe	vizeskancsó [wisäschkonntschoh]
Kellner/in	pincér/nő [pinzehr/nöh]
Kinderteller	gyerektányér [djäräktahnjehr]
Knoblauch	fokhagyma [fokhoddjmo]
Koch/Köchin	szakács/nő [ssockahtsch/nöh]
kochen	főz [föhs]

„Weder Salz noch Pfeffer"

Insider Tipp

Se sava, se borsa" [schä schowwo schä borscho] bezieht sich nicht nur auf die Gaumenfreuden, sondern auf alles Fade und Uninteressante ohne originellen, persönlichen Charakter, bedeutet also in etwa „ohne Saft und Kraft". Zurückhaltung und Bescheidenheit langweilt die Ungarn.

Löffel	kanál [konnahl]
mager	sovány [schowahnj]
Majonäse	majonéz [mojjonehs]
Menü	menü [mänü]
Messer	kés [kehsch]
Mittagessen	ebéd [äbehd]
Nachtisch	desszert [dässärt] ⇒ S. 47f.
Ober	főúr [föuhr]
Öl	olaj [olojj]
Pfeffer	bors [borsch]
Portion	adag [oddogg]
Salat	saláta [schollahto]
Salz	só [schoh]
sauer	savanyú [schowwonnjuh]
scharf	csípős/erős [tschihpöhsch/äröhsch]
Senf	mustár [muschtahr]
Serviette	szalvéta [ssollwehto]
Soße	mártás [mahrtahsch]
Speisekarte	étlap [ehtlopp] ⇒ S. 44ff.
Spezialität	specialitás [schpäziollitahsch]
Strohhalm	szívószál [ssihwohssahl]
Suppe	leves [läwäsch] ⇒ S. 44f.
süß	édes [ehdäsch]
Tages|gericht	napi ajánlat [noppi ojjahnlott]
~menü	menü [mänü]
Tasse	csésze [tschehssä]
Teller	tányér [tahnjehr]
Trinkgeld	borravaló [borrowwolloh]
Vorspeise	előétel [älöehtäl] ⇒ S. 44
Wasser	víz [wihs]
würzen	fűszerez [fühssäräs]
zäh	rágós [rahgohsch]
Zahnstocher	fogpiszkáló [fogpisskahloh]
Zitrone	citrom [zitrom]
Zucker	cukor [zukor]

Obst

Gemüse

Bilder
zum Zeigen

Frühstück

Getränke

Seafood

Etlap
Speisekarte

REGGELI	FRÜHSTÜCK

Getränke: s. S. 42, 48ff.

lágytojás [lahdjtojahsch]	weiches Ei
rántotta [rahntotto]	Rühreier
szalonnás rántotta [ssollonnahsch rahntotto]	Eier mit Speck
kenyér/zsemle/pirítós [känjehr/schämlä/pirihtohsch]	Brot/Brötchen/Toast
kifli [kifli]	Hörnchen
vaj [wojj]	Butter
sajt [schojjt]	Käse ⇒ S. 47
kolbász [kolbahss]	Wurst
sonka [schonko]	Schinken
méz [mehs]	Honig
lekvár [läkwahr]	Marmelade
müzli [müsli]	Müsli
joghurt [joghurt]	Joghurt
gyümölcs [djümöltsch]	Obst ⇒ S. 40, 48

ELØÉTELEK	VORSPEISEN
disznósajt [dissnohschojjt]	Presswurst
franciasaláta [fronnzioschollahto]	Französischer Salat
főtt sonka tormával [föhtt schonko tormahwoll]	gekochter Schinken mit Meerrettich
hortobágyi palacsinta [hortobahdji pollottschinto]	Palatschinken mit Fleischfüllung
libamájpástétom [libommahjpahschtehtom]	Gänseleberpastete
olajos szardínia [olojjosch ssorrdihnio]	Ölsardinen
rántott gombafejek [rahntott gomboffäjäk]	gebratene Pilzköpfe
svéd gombasaláta [schwehd gomboschollahto]	schwedischer Pilzsalat
töltött paradicsom [töltött porrodditschom]	gefüllte Tomaten
velőrózsa rántva [wälöhrohscho rahntwo]	gebratenes Hirn
velőscsont pirítóssal [wälöhschtschont pirihtohschscholl]	Markknochen mit Toast

LEVESEK	SUPPEN
bableves [bobbläwäsch]	Bohnensuppe
burgonyaleves [burgonjolläwäsch]	Kartoffelsuppe
csontleves [tschontläwäsch]	Knochenbrühe
erőleves [äröhläwäsch]	Bouillon
gombaleves [gombolläwäsch]	Pilzsuppe
hideg gyümölcsleves [hidäg djümöltschläwäsch]	Obstkaltschale

karalábéleves [korrollahbehläwäsch]	Kohlrabisuppe
májgombócleves [mahjgombohzläwäsch]	Leberknödelsuppe
paradicsomleves [porrodditschomläwäsch]	Tomatensuppe
raguleves [rogguläwäsch]	Gemüsesuppe mit Fleischragout
tyúkhúsleves [tjuhkhuhschläwäsch]	Hühnersuppe
zöldségleves [söldschehgläwäsch]	Gemüsesuppe

HALAK	FISCHE
angolna [onngolno]	Aal
csuka [tschuko]	Hecht
fogas/süllő [fogosch/schüllöh]	Zander
harcsa [horrtscho]	Wels
kecsege [kätschägä]	Stör
lazac [losozz]	Lachs
pisztráng [pisstrahng]	Forelle
ponty [pontj]	Karpfen
tonhal [tonholl]	Thunfisch

HÚSÉTELEK	FLEISCHGERICHTE
báránypaprikás [bahrahnjpopprikahsch]	Lammpaprika mit Sauerrahm
bécsi szelet [behtschi ssälät]	Wiener Schnitzel
békacomb [behkozzomb]	Froschschenkel
bélszínjava [behlssihnjowwo]	Beefsteak
birkapörkölt [birkoppörkölt]	Schafsgulasch
borjúpaprikás [borjuhpopprikahsch]	Kalbsgulasch mit Rahmsoße
főtt marhahús [föhtt morrhohuhsch]	gekochtes Rindfleisch
hagymás rostélyos [hoddjmahsch roschtehjosch]	Zwiebelrostbraten
malacpecsenye [mollozpätschänjä]	Spanferkelbraten
naturszelet [notturssälät]	Naturschnitzel
pirított máj [pirihtott mahj]	gebratene Leber
rablóhús nyárson [robblohhuhsch njahrschon]	Räuberbraten am Spieß
sertéskaraj [schärtehschkorrojj]	Schweinekotelett
sült kolbász [schült kolbahss]	Bratwurst
vagdalt [woggdollt]	Hackfleisch, Frikassee

NEMZETI ÉTELEK	NATIONALGERICHTE
bográcsgulyás [bograhtschgujahsch]	Kesselgulasch
csirkepaprikás [tschirkäpopprikahsch]	Paprikahähnchen mit Sauerrahmsoße
gulyásleves [gujahschläwäsch]	Gulaschsuppe
Gundel palacsinta [gundäl pollottschinto]	Palatschinken mit Nussfüllung und Schokoladensoße

halászlé [hollahssleh]	(scharfe) Fischsuppe
hideg meggyleves [hidäg mäddjläwäsch]	kalte Sauerkirschsuppe
káposztás kocka [kahposstahsch kozko]	Krautfleckchen
kapros-túrós rétes [kopprosch tuhrohsch rehtäsch]	Quarkstrudel mit Dill
lecsó [lätschoh]	gekochte Paprikaschoten, Tomaten und Zwiebeln
máglyarakás [mahgjorrockahsch]	Semmelschmarren mit Äpfeln
somlói galuska [schomloi golluschko]	Schomlauer Nockerl
töltött káposzta [töltött kahpossto]	mit Fleisch gefülltes Kraut
töltött paprika [töltött poppriko]	mit Fleisch gefüllte Paprika
túrós csusza pirított szalonnával [tuhrohsch tschusso pirihtott ssollonnahwoll]	Topfennudeln mit saurer Sahne und Griebe

VAD ÉS SZÁRNYAS — WILD UND GEFLÜGEL

csirke [tschirkä]	Hähnchen
fácán [fahzahn]	Fasan
fogoly [fogoj]	Rebhuhn
házinyúl [hahsinjuhl]	Kaninchen
jérce [jehrzä]	Henne
kakas [kockosch]	Hahn
nyúl [njuhl]	Hase
őz [öhs]	Reh
pulyka [pujko]	Truthahn
szarvas [ssorrwosch]	Hirsch
tyúk [tjuhk]	Huhn
vaddisznó [woddissnoh]	Wildschwein
(vad)kacsa [(wodd)kottscho]	(Wild)ente
(vad)liba [(wodd)libo]	(Wild)gans

ZÖLDSÉG — GEMÜSE

bab [bobb]	Bohnen
borsó [borschoh]	Erbsen
burgonya/krumpli [burgonjo/krumpli]	Kartoffel
fokhagyma [fokhoddjmo]	Knoblauch
gomba [gombo]	Pilze
hagyma [hoddjmo]	Zwiebel
káposzta [kahpossto]	Kohl
karfiol [korrfiol]	Blumenkohl
kelbimbó [kälbimboh]	Rosenkohl
kelkáposzta [kälkahpossto]	Wirsing

lencse [läntschä]	Linsen
paprika [poppriko]	Paprika
paradicsom [porrodditschom]	Tomaten
póréhagyma [pohrehhoddjmo]	Porree
retek [räták]	Radieschen
sárgarépa [schahrgorrehpo]	Karotten
spárga [schpahrgo]	Spargel
spenót [schpänoht]	Spinat

KÖRETEK	BEILAGEN
főtt burgonya [föhtt burgonjo]	Salzkartoffeln
galuska [golluschko]	Nockerln
hasábburgonya [hoschahbburgonjo]	Pommes frites
makaróni [mockorrohni]	Makkaroni
rizs [risch]	Reis
spagetti [schpoggätti]	Spaghetti
sült burgonya [schült burgonjo]	Bratkartoffeln
tarhonya [torrhonjo]	Eiergraupen
(zsemle)gombóc [(schämlä)gombohz]	(Semmel)knödel

SALÁTÁK	SALATE
céklasaláta [zehkloschollahto]	Rote-Rüben-Salat
csalamádé [tschollommahdeh]	Paprikaschoten und grüne Tomaten, süß-sauer eingemacht
ecetes paprika [äzätäsch poppriko]	Apfelpaprika in Essig
fejes saláta [fäjäsch schollahto]	Kopfsalat
kovászos uborka [kowahssosch uborko]	Salzgurken
paradicsomsaláta [porrodditschomschollahto]	Tomatensalat
tejfölös uborkasaláta [täjfölösch uborkoschollahto]	Gurkensalat im Rahm
vegyes saláta [wädjäsch schollahto]	gemischter Salat

SAJT	KÄSE
Bakony camembert [bockonj kommämbärt]	Bakonyer Camembert
göcseji [götschäji]	Göcsejer Butterkäse
juh gomolya [juh gomojo]	Schafskäse
márványsajt [mahrwahnjschojjt]	Marmorkäse (Schimmelkäse)
parenyica [porränjizo]	geräucherter Käse
trappista [troppischto]	Trappistenkäse

ÉDESSÉGEK	SÜßIGKEITEN
befőtt [bäföhtt]	Eingemachtes
csokoládétorta [tschokolahdehtorto]	Schokoladentorte

dobostorta [doboschtorto]	Dobostorte (aus 6 Schichten Biskuitteig
gesztenyepüré [gässtänjäpüreh]	Kastanienpüree
gyümölcssaláta [djümöltschschollahto]	Obstsalat
kompót [kompoht]	Kompott
krémes [krehmäsch]	Cremeschnitte
parfé [porrfeh]	Halbgefrorenes
piskótaszelet [pischkohtossälät]	Sandtorte
sütemény [schütämehnj]	Kuchen
túrós lepény [tuhrohsch läpehnj]	Käsekuchen
vajaskrémtorta [wojjoschkrehmtorto]	Buttercremetorte

GYÜMÖLCS — OBST

alma [ollmo]	Apfel
citrom [zitrom]	Zitrone
cseresznye [tschärässnjä]	Kirsche
dinnye [dinnjä]	Melone
dió [dioh]	Nuss
eper [äpär]	Erdbeere
körte [körtä]	Birne
mandula [monndulo]	Mandeln
málna [mahlno]	Himbeere
meggy [mäddj]	Sauerkirsche
narancs [norronntsch]	Apfelsine
őszibarack [öhssiborrozzk]	Pfirsich
sárgabarack [schahrgobborrozzk]	Aprikose
szilva [ssilwo]	Pflaume
szőlő [ssöhlöh]	Traube

ESZPRESSZÓ, FAGYLALTOZÓ — CAFÉ, EISDIELE

adag [oddogg]	Portion
csokoládéfagylalt [tschokolahdehfoddjlollt]	Schokoladeneis
csokoládé [tschokolahdeh]	Schokolade
feketekávé [fäkätäkahweh]	schwarzer Kaffee
(gyümölcs)fagylalt [(djümöltsch)foddjlollt]	(Frucht)eis
fagylaltkehely [foddjlolltkähäj]	Eisbecher
gyógytea [djohdjtäo]	Kräutertee
jegeskávé [jägäschkahweh]	Eiskaffee
kávé tejjel [kahweh täjjäl]	Kaffee mit Milch
koffeinmentes kávé [koffäinmäntäsch kahweh]	koffeinfreier Kaffee
kuglóf [kuglohf]	Napfkuchen
sütemény [schütämehnj]	Kuchen
teasütemény [täoschütämehnj]	Teegebäck
tea tejjel/citrommal [täo täjjäl/zitrommoll]	Tee mit Milch/Zitrone
tej [täj]	Milch
tejeskávé [täjäschkahweh]	Milchkaffee
tejszínhab [täjssihnhobb]	Sahne

Itallap
Getränkekarte

BOROK	WEIN
édes [ehdäsch]	süß
fehér [fähehr]	weiß
könnyű [könnjüh]	leicht
öreg [öräg]	alt
rozé [roseh]	rosé
száraz/fanyar [ssahros/fonjorr]	herb
vörös [wörösch]	rot
asztali bor [osstolli bor]	Tafelwein
pezsgő [päschgöh]	Champagner, Sekt
forralt bor [forrollt bor]	Glühwein
fröccs [fröttsch]	Gespritzter, Schorle
kisfröccs [kischfröttsch]	Schorle mit 1/2 Wein
nagyfröccs [noddjfröttsch]	Schorle mit 2/3 Wein

Auf die Mischung kommt's an!

Insider Tipp

Der gespritzte Wein "fröccs" hat viele Variationen. Die in der Gastronomie üblichen sind:

Einheit (=100 ml)	Wein	Sodawasser
kisfröccs [kischfröttsch]	1	1
nagyfröccs [noddjfröttsch]	2	1
hosszúlépés [hossuhlehpehsch]	1	2
házmester [hahsmäschtär]	3	2

minőségi bor [minöhschehgi bor]	Qualitätswein
palackos bor [pollozzkosch bor]	Flaschenwein
pezsgőbor [päschgöhbor]	Schaumwein

FEHÉR BOROK	WEIßWEINE
leányka [läahnjko]	Mädchentraube
ezerjó [äsärjoh]	Tausendgut
kéknyelű [kehknjälüh]	Blaustengler
muskotály [muschkotahj]	Muskateller
olaszrizling [olossrisling]	Welschriesling
szürkebarát [ssürkäborraht]	Graumönch
zöldszilváni [söldssilwahni]	Grünsilvaner

VÖRÖS BOROK	ROTWEINE
bikavér [bikowwehr]	Stierblut
kékfrankos [kehkfronnkosch]	Blaufränkler

SZESZES ITALOK	ALKOHOLISCHE GETRÄNKE
gyomorkeserű [djomorkäschärüh]	Magenbitter
kisüsti [kischüschti]	Hausgebrannter
koktél [koktehl]	Cocktail
konyak [konjock]	Cognac
likőr [liköhr]	Likör
pálinka [pahlinko]	Schnaps
barackpálinka [borrozzkpahlinko]	Aprikosen-Brandy
cseresznyepálinka [tschärässnjäpahlinko]	Kirschwasser
szilvapálinka [ssilwoppahlinko]	Pflaumengeist
vermut [wärmut]	Wermut

Medizinisch wertvoll

Alkohol ist in kleinen Mengen Arznei, in großen Mengen Medizin sagt der Volksmund. Möglicherweise ist etwas dran, denn der berühmteste Wein Ungarns, der Tokajer (tokaji [tokojji] = „Wein der Könige, König der Weine"), wurde früher auch in den Apotheken verkauft.

ALKOHOLMENTES ITALOK	ALKOHOLFREIE GETRÄNKE
almalé [ollmolleh]	Apfelsaft
(ásvány)víz [(ahschwahnj)wihs]	(Mineral)wasser
gyümölcslé [djümöltschleh]	Fruchtsaft
limonádé [limonahdeh]	Limonade
must [muscht]	Most
narancslé [norronntschleh]	Orangensaft
paradicsomlé [porrodditschomleh]	Tomatensaft
szódavíz [ssohdowwihs]	Sodawasser
szörp [ssörp]	Fruchtsaftkonzentrat mit Sodawasser

Einkaufen

Nehmen Sie Kreditkarten?

Entbehren muss man in Ungarn nach westlichen Standards längst nichts mehr. In größeren Städten findet man zunehmend Einkaufszentren. Die so genannte "plaza" [plahso] erfreut sich unter den Ungarn großer Beliebtheit. Spannender ist es natürlich, wenn Sie sich beim Einkaufen auf typisch Ungarisches einlassen. So werden hier Liebhaber feiner Antiquitäten oder kulinarischer Köstlichkeiten gleichermaßen fündig. Auf städtischen Märkten "piac" [piozz] bieten Landwirte aus dem Umland ihre Erzeugnisse feil ...

Öffnungszeiten

In Ungarn gibt es kein Ladenschlussgesetz. Kleine Lebensmittel- und Gemischtwarenläden haben rund um die Uhr geöffnet. Dagegen schließen insbesondere in kleineren Orten Fachgeschäfte und Kaufhäuser wochentags bereits um 17 und samstags um 12 Uhr.

offen	nyitva [njitwo]
geschlossen	zárva [sahrwo]
Betriebsferien	szabadság miatt zárva [ssobboddschahg miott sahrwo]

Wo finde ich ...?	Hol találok ...? [hol tollahlok]
Können Sie mir ein ... geschäft empfehlen?	Tudna nekem egy ... üzletet ajánlani? [tudno näkäm ädj ... üslätät ojjahnlonni]
Ich möchte ...	Szeretnék ... [ssärätnehk ...]
Haben Sie ...?	Van ...? [wonn ...]
Ich nehme es.	Megveszem. [mägwässäm]
Wie viel kostet es?	Mibe/Mennyibe kerül? [mibä/männjibä kärül]
Nehmen Sie ...	Elfogad ... [älfogodd]
EC-Karten?	debü-kártyát? [däbitkahrtjaht]
Kreditkarten?	hitelkártyát? [hitälkahrtjaht]

Antiquariat	antikvárium [onntikwahrium]
Antiquitätengeschäft	régiségkereskedés [rehgischehgkäräschkädehsch]
Apotheke	gyógyszertár [djohdjssärtahr] ⇒ S. 53f.
Bäckerei	pékség [pehkschehg]
Blumengeschäft	virágbolt [wirahgbolt]
Buchhandlung	könyvesbolt [könjwäschbolt]
Drogerie	drogéria [drogehrio] ⇒ S. 55
Elektrohandlung	villamos cikkek boltja [willommosch zickäk boltjo] ⇒ S. 55f., 66
Flohmarkt	bolhapiac [bolhoppiozz]
Fotogeschäft	fotocilckszaküzlet [fotozickssocküslät] ⇒ S. 56, 66
Friseur	fodrász [fodrahss] ⇒ S. 56f.
Gemüsehändler	zöldségkereskedő [söldschehgkäräschkädöh]
Haushaltswarengeschäft	háztartási bolt [hahstorrtahschi bolt] ⇒ S. 57f.
Juwelier	ékszerész [ehkssärehss] ⇒ S. 63
Kaufhaus	áruház [ahruhahs]
Konditorei	cukrászda [zukrahssdo]

Lebensmittelgeschäft	élelmiszerbolt [ehlälmissärbolt] ⇒ S. 58ff.
Markt	piac [piozz]
Metzgerei	húsbolt [huhschbolt]
Optiker	látszerész [lahtssärehss] ⇒ S. 62
Parfümerie	illatszerbolt [illottssärbolt]
Reisebüro	utazási iroda [utosahschi irodo]
Schuhgeschäft	cipőbolt [zipöhbolt] ⇒ S. 62
Spielwarengeschäft	játékbolt [jahtehkbolt]
Spirituosengeschäft	italáru-üzlet [itollahruüslät]
Tabakladen	dohánybolt/trafik [dohahnjbolt/troffik] ⇒ S. 64, 66
Weinhandlung	borkereskedés [borkäräschkädehsch]
Zeitungshändler	újságárus [uhjschahgahrusch]

APOTHEKE | **GYÓGYSZERTÁR** [djohdjssártahr]

Gastfreundschaft

Im Schalterraum der Apotheken steht immer ein Tisch mit Stühlen. Sie dürfen sich ruhig hinsetzen, um Ihr Medikament einzunehmen oder einfach ein Glas frisches Wasser aus dem bereitgestellten Krug zu trinken!

Wo ist die nächste Apotheke (mit Nachtdienst)?	Hol van a legközelebbi (éjjel-nappali) gyógyszertárpatika? [hol wonn o lägkösäläbbi (ehjjälnoppolli) djohdjssärtahrpottiko]
Geben Sie mir bitte etwas gegen ...	Adjon kérem valamit ... ellen. [oddjon kehräm wollommit ... ällän]

Selbstbeteiligung

Die in Deutschland zuzahlungsfreien Medikamente für Kinder sind nicht kostenlos. Auch die Einheimischen zahlen für diese Arzneimittel eine Selbstbeteiligung.

Abführmittel	hashajtó [hoschhojjtoh]
Antibabypille	antibébi-tabletta [onntibehbi-tobblätto]
Antibiotikum	antibiotikum [onntibiotikum]

Man nehme ...

innerlich .... belsőleg [bälschöhläg]
äußerlich .... külsőleg [külschöhläg]
vor dem Essen .... evés előtt [äwehsch älöhtt]
nach dem Essen .. evés után [äwehsch utahn]

Aspirin .... aszpirin [osspirin]
Augentropfen .... szemcsepp [ssämtschäpp]
Beruhigungsmittel ...... nyugtató [njugtottoh]
Brandsalbe .... égési sebre való kenőcs [ehgehschi schäbrä wolloh känöhtsch]
Desinfektionsmittel ..... fertőtlenítőszer [färtöhtlänihtöhssär]
Fieberthermometer ..... lázmérő [lahsmehröh]
Gegengift .... ellenméreg [ällänmehräg]
Halstabletten .... torokfájás elleni tabletta [torokfahjahsch älläni tobblätto]
Hustensaft .... köptető [köptätöh]
Insektenmittel .... rovarirtó [roworrirtoh]
Insulin .... inzulin [insulin]
Jod(tinktur) .... jód(tinktúra) [johd(tinktuhro)]
Kamillentee .... kamillatea [kommillottäo]
Kondom .... kondom [kondom], koton [koton]
Kopfschmerztabletten ... fejfájás elleni tabletta [fäjfahjahsch älläni tobblätto]
Kreislaufmittel .... vérkeringési zavar elleni szer [wehrkäringehschi sowworr älläni ssär]
Magentropfen .... gyomorfájás elleni cseppek [djomorfahjahsch älläni tschäppäk]
Medikament .... gyógyszer/orvosság [djohdjssär/orwoschschahg]
Mittel .... szer [ssär]
Mullbinde .... mullpólya/géz [mullpohjo/gehs]
Nebenwirkungen ...... mellékhatások [mällehkhottahschok]
Ohrentropfen .... fülcsepp [fültschäpp]
Pflaster .... sebtapasz [schäbtopposs]
Rezept .... recept [räzäpt]
Salbe .... kenőcs [känöhtsch]
Schlaftabletten .... altató [olltottoh]
Schmerztabletten ...... fájdalomcsillapító [fahjdollomtschilloppihtoh]
Sonnenbrand .... leégés [läehgehsch]
Tablette .... tabletta [tobblätto]
Traubenzucker .... szőlőcukor [ssöhlöhzukor]
Tropfen .... cseppek [tschäppäk]
Zäpfchen .... kúp [kuhp]

DROGERIE	DROGÉRIA [drogehrio]
Bürste	kefe [käfä]
Creme	krém [krehm]
Damenbinden	egészségügyi betét [ägehschehgüdji bäteht]
Deo(dorant)	dezodor [däsodor]
Haar|bürste	hajkefe [hojjkäfä]
~festiger	hajfixáló [hojjfikssahloh]
~waschmittel	sampon [schommpon]
Kamm	fésű [fehschüh]
Körpermilch	testápoló tej [täschtahpoloh täj]
Lichtschutzfaktor	fényvédő faktor [fehnjwehdöh focktor]
Lidschatten	szemhéjpúder [ssämhehjpuhdär]
Lippenstift	rúzs [ruhsch]
Nagel|feile	körömreszelő [körömrässälöh]
~lack	körömlakk [körömlock]
~schere	körömvágó olló [körömwahgoh olloh]
Papiertaschentücher	papírzsebkendő [poppihrschäbkändöh]
Parfüm	parfüm [porrfüm]
Pflaster	tapasz [topposs]
Pinzette	csipesz [tschipäss]
Präservativ	óvszer [ohwssär]
Puder	púder/hintőpor [puhdär/hintöhpor]
Rasier|apparat	borotva [borotwo]
~klinge	borotvapenge [borotwoppängä]
~pinsel	borotvaecset [borotwoätschät]
~seife	borotvaszappan [borotwossopponn]
~wasser	arcvíz [orrzwihs]
Saugflasche	szívópalack [ssihwohpollozzk]
Schnuller	cumi [zumi]
Seife	szappan [ssopponn]
Sicherheitsnadeln	biztosítótű [bistoschihtohtüh]
Sonnencreme	napozókrém [nopposohkrehm]
Spiegel	tükör [tükör]
Tampons	tampon [tommpon]
Toilettenpapier	vécépapír [wehzehpoppihr]
Waschlappen	mosdókesztyű/mosogatórongy [moschdohkässtjüh/moschogottohrondj]
Wimperntusche	szempillatus [ssämpillottusch]
Windeln	pelenka [pälänko]
Zahn|bürste	fogkefe [fogkäfä]
~pasta	fogkrém [fogkrehm]

ELEKTROHANDLUNG	VILLAMOS CIKKEK BOLTJA [willommosch zickäk boltjo]
Adapter	adapter [oddopptär]
Batterie	elem [äläm]
CD/Compactdisc	CD [zehdeh]
Föhn	hajszárító [hojjssahrihtoh]

Kassette	kazetta [kosätto]
Kopfhörer	fejhallgató [fäjhollgottoh]
Schallplatte	hanglemez [honnglämäs]
Stecker	dugós csatlakozó [dugohsch tschottlockosoh]
Taschenlampe	zseblámpa [schäblahmpo]
Videolfilm	videofilm [widäofilm]
~kamera	videokamera [widäokommäro]
~kassette	videokazetta [widäokosätto]
~rekorder	videomagnó [widäomoggnoh]
Walkman	walkman [wohkmän]

FOTOARTIKEL — FOTÓCIKKEK [fotohzickäk]

Ich möchte ... — Kérek ... [kehräk]

einen Film für diesen Fotoapparat. — egy filmet ebbe a fényképezőgépbe. [ädj filmät äbbä o fehnjkehpäsöhgehpbä]

einen Farbfilm (für Dias). — egy színes filmet (diákhoz). [ädj ssihnäsch filmät (diahkhos)]

Der Sucher/Der Auslöser funktioniert nicht. — A kereső/a kioldó rossz. [o käräschöh/o kioldoh ross]

Das ist kaputt. Können Sie es bitte reparieren? — Ez elromlott. Meg tudná javítani? [äs älromlott. mäg tudnah jowwihtonni]

Auslöser	kioldó [kioldoh]
Blitzgerät, Blitzwürfel	vaku [wocku]
Farbfilm	színes film [sihnäsch film]
Filmlempfindlichkeit	filmérzékenység [filmehrsehkänjschehg]
~kamera	kamera [kommäro]
Linse	lencse [läntschä]
Objektiv	objektív [objäktihw]
Schwarzweiß-Film	fekete-fehér film [fäkätä fähehr film]
Teleobjektiv	teleobjektiv [täläobjäktihw]

FRISEUR — FODRÁSZ [fodrahss]

Kann ich mich für morgen anmelden? — Bejelentkezhetek holnapra? [bäjäläntkäshäták hollnoppro]

Waschen und fönen/legen, bitte. — Kérem mosni és szárítani/berakni. [kehräm moschni ehsch ssahrihtonni/bärockni]

Schneiden mit/ohne Waschen, bitte. — Kérem vágni mosással/mosás nélkül. [kehräm wahgni moschahschscholl/moschahsch nehlkül]

Ich möchte ... — Szeretnék ... [ssärätnehk]

eine Dauerwelle. — egy tartóshullámot. [ädj torrtohschhullahmot]

mir die Haare färben/tönen lassen. — hajat festetni/színeztetni. [hojjott fäschtätni/ssihnästätni]

Etwas kürzer/ Nicht zu kurz/ Ganz kurz, ... bitte.	Kicsit rövidebbre [kitschit röwidäbbrä] / Ne túl rövidre [nä tuhl röwidrä] / Egész rövidre [ägehss röwidrä], ... kérem. [kehräm]
Rasieren, bitte.	Borotválást kérek. [borotwahlahscht kehräk]
Stutzen Sie mir bitte den Bart.	Nyírja meg a szakállamat kérem. [njihrjo mäg o ssockahllommott kehräm]
Vielen Dank. So ist es gut.	Köszönöm. Így jó. [kössönöm. ihdj joh]

Bart	szakáll [ssockahll]
Dauerwelle	tartóshullám [torrtohschhullahm]
färben	fest [fäscht]
föhnen	szárít [ssahriht]
frisieren	fésül/frizurát készit [fehschü/frisuraht kehssiht]
Frisur	frizura [frisuro]
Haar	haj [hojj]
~schnitt	(haj)vágás [(hojj)wahgahsch]
kämmen	fésül [fehschül]
legen	berak [bärock]
Lockenwickler	hajcsavaró [hojjtschowworroh]
Perücke	paróka [porrohko]
Scheitel	választék [wahlosstehk]
Schnurrbart	bajusz [bojjuss]
Schuppen	korpa [korpo]
Shampoo	sampon [schommpon]

HAUSHALTSWAREN — HÁZTARTÁSI CIKKEK [hahstorrtahschi zickäk]

Brennspiritus	spiritusz [schpirituss]
Dosenöffner	konzervnyitó [konsärwnjitoh]
Essbesteck	evőeszköz [äwöässkös]
Flaschenöffner	sörnyitó [schörnjitoh]
Grill	grill [grill]

Zerbrechliche Träume

Achtung: Das Tafelgeschirr der renommierten Hersteller Zsolnay, Herend, Hollóháza usw. ist nicht spülmaschinenfest. Diese Träume aus Porzellan kaufen die Ungarn für die Vitrine und als Geldanlage. Das Geschirr wird nur zu besonderen Anlässen (Hochzeit, Weihnachten) aus dem Schrank geholt.

Grilllanzünder	grillgyújtó [grilldjuhjtoh]
~kohle	grillszén [grillssehn]
Kerzen	gyertya [djärtjo]
Korkenzieher	dugóhúzó [dugohhuhsoh]
Papierservietten	papírszalvéta [poppihrssollwehto]
Petroleum	petróleum [pätrohläum]
Plastikbeutel	nylon zacskó [nahjlon sottschkoh]
Sonnenschirm	napernyő [noppärnjöh]
Taschenmesser	zsebkés [schäpkehsch]

LEBENSMITTEL — ÉLELMISZER [ehlälmissär]

Eine ausführliche Übersicht von Lebensmitteln und Gerichten finden Sie im Kapitel ESSEN & TRINKEN auf Seite 44ff..

Was darf es sein?	Mit adhatok? [mit oddhottok]
Geben Sie mir bitte …	Adjon kérem … [oddjon kehräm]
ein Kilo …	egy kiló … t. [ädj kiloh … t]
ein Stück von …	egy …t. [ädj … t]
eine Packung …	egy csomag …t. [ädj tschomogg …t]
ein Glas …	egy pohár …t. [ädj pohahr …t]
eine Dose …	egy doboz …t. [ädj dobos …t]
eine Flasche …	egy üveg …t. [ädj üwäg …t]
eine Einkaufstüte.	egy zacskót. [ädj sottschkoht]
Danke, das ist alles.	Köszönöm, ez minden. [kössönöm äs mindän]

Aufschnitt	felvágott [fälwahgott]
Babynahrung	bébiétel [behbiehtäl]
Bier	sör [schör]
alkoholfreies ~	alkoholmentes sör [ollkoholmäntäsch schör]

Mit einem anderen Maß

Außer den in Deutschland üblichen Maßeinheiten werden in Ungarn noch folgende Maße hauptsächlich in der Umgangssprache verwendet:

10 Gramm	=	1 dkg	=	egy deka(gramm) [ädj däko(gromm)]
100 Gramm	=	10 dkg	=	tíz deka(gramm) [tihs däko(gromm)]
1/10 Liter	=	1 dl	=	egy deci(liter) [ädj däzi(litär)]

Dumm wie ein Kürbis

Insider Tipp

Der Kürbis "tök" hat in Ungarn keinen guten Ruf. Die Aversion gegen dieses Gewächs schlägt sich auch sprachlich nieder: "tökrészeg" [tökrehsság] „sturzbesoffen" oder "tökmindegy" [tökmindädj] „piepegal". "Tökfej" [tökfäj] bedeutet „Dummkopf", ist aber nicht zu verwechseln mit einer Wendung, die Anerkennung ausdrückt: "tök jó fej" [tök joh fäj] „er/sie ist in Ordnung".

Brot	kenyér [känjehr]
Brötchen	zsemle [schämlä] ⇒ S. 44
Butter	vaj [wojj]
Eier	tojás [tojahsch]
Eis	fagylalt [foddjlollt] ⇒ S. 48
Fisch	hal [holl] ⇒ S. 43, 45
Fleisch	hús [huhsch] ⇒ S. 45
frisch	friss [frischsch]
Gebäck	péksütemény [pehschütämehnj] ⇒ S. 47f.
Geflügel	szárnyas [ssahrjosch] ⇒ S. 46
Gemüse	zöldség [söldschehg] ⇒ S. 41, 46f.
Hackfleisch	vagdalt hús [woggdollt huhsch]
Joghurt	joghurt [joghurt]
Kaffee	kávé [kahweh] ⇒ S. 48
Käse	sajt [schojjt] ⇒ S. 47
Knoblauch	fokhagyma [fokhoddjmo]
Konserven	konzerv [konsärw]
Kuchen	sütemény [schütämehnj] ⇒ S. 47f.
Limonade	limonádé [limonahdeh] ⇒ S. 50
Margarine	margarin [morrgorrin]
Marmelade	lekvár [läkwahr] ⇒ S. 44
Mayonnaise	majonéz [mojjonehs]
Mehl	liszt [lisst]
Milch	tej [täj]
Mineralwasser	ásványvíz [ahschwahnjwihs]
Nudeln	metélt tésztá [mätehlt tehsstah]
Nüsse	dió [dioh]
Obst	gyümölcs [djümöltsch] ⇒ S. 40, 48

Kostprobe

Entlang den Landstraßen, besonders in der Tiefebene, stehen Melonenverkäufer vor ihren Hütten. Die Melone "dinnye" [dinnjä] wird auf Wunsch angeschnitten, damit der potenzielle Käufer davon kosten kann.

Öl	olaj [olojj]
Orangensaft	narancslé [norronntschleh]
Sahne	tejszínhab [täjssihnhobb]
Salat	saláta [schollahto]
Salz	só [schoh]
Schokolade	csokoládé [tschokolahdeh] ⇒ S. 48
Senf	mustár [muschtahr]
Suppe	leves [läwäsch]
Süßigkeiten	édesség [ehdäschschehg] ⇒ S. 47f.
Tee	tea [täo] ⇒ S. 48
~beutel	filteres tea [filtäräsch täo]
Toast	pirítós [pirihtohsch]
Wein	bor [bor] ⇒ S. 49f.
Würstchen	virsli [wirschli]

MODE	DIVAT [diwott]
Können Sie mir … zeigen?	Tudna nekem egy … t mutatni? [tudno näkäm ädj … t mutottni]
Kann ich es anprobieren?	Felpróbálhatom? [fälprohbahlhottom]
Welche (Konfektions-) Größe haben Sie?	Milyen méretet hord? [mijän mehrätät hord]
Das ist mir zu …	Ez nekem túl … [äs näkäm tuhl]
eng/weit.	szűk/bő. [ssühk/böh]
kurz/lang.	rövid/hosszú. [röwid/hossuh]
klein/groß.	kicsi/nagy. [kitschi/noddj]
Das passt gut.	Ez jó. [äs joh]
Ich nehme es.	Ezt veszem. [äst wässäm]
Das ist nicht ganz, was ich möchte.	Ez nem egészen az, amit szeretnék. [äs näm ägehssän os ommit ssärätnehk]

Abendkleid	estélyi ruha [äschtehji ruho]
Anorak	anorák [onnorahk]
Anzug	öltöny [öltönj]
Badeanzug	fürdőruha [fürdöhruho]
~hose	fürdőnadrág [fürdöhnoddrahg]
~mantel	fürdőköpeny [fürdöhköpänj]

Die Hose bringt's in Ordnung

Insider Tipp

„Gatyába ráz" [gottjahbo rahs] „in die Hose schütteln" heißt nicht etwa, einen in nicht passende Beinkleider zwingen zu wollen, sondern jemandem Disziplin beizubringen, etwas in Ordnung zu bringen. "Gatya" [gottjo] ist ursprünglich die breite ungarische Bauernhose aus Leinen.

Baumwolle	pamut [pommut]
Bikini	bikini [bikini]
Blazer	blézer [blehsär]
Bluse	blúz [bluhs]
bügelfrei	nem vasalandó [näm woschollonndoh]
Büstenhalter	melltartó [mälltorrtoh]
chemisch reinigen	vegyileg tisztít [wädjiläg tisstiht]
Farbe	szín [ssihn]
Frottee	frottír [frottihr]
Gürtel	öv [öw]
Hand|schuhe	kesztyű [kässtjüh]
~tasche	kézitáska [kehsitahschko]
Hemd	ing [ing]
Hose	nadrág [noddrahg]
Hut	kalap [kollopp]
Jacke	dzseki [dschäki]
Jeans	farmer [forrmär]
Kleid	ruha [ruho]
Kostüm	kosztüm [kosstüm]
Krawatte	nyakkendő [njockändöh]
Kunstfaser	műszál [mühssahl]
Leinen	len [län]
Mantel	bőrkabát [böhrkobbaht]
Morgenrock	pongyola [pondjolo]
Mütze	sapka [schoppko]
Nachthemd	hálóing [hahloing]
Pullover	pulóver [pulohwär]
Pyjama	pizsama [pischommo]
Regenmantel	esőkabát [äschöhkobbaht]
Reißverschluss	cipzár [zipsahr]
Rock	szoknya [ssoknjo]
Sakko	zakó [sockoh]
Schal	sál [schahl]
Schirm	ernyő [ärnjöh]
Seide	selyem [schäjäm]
Slip	bugyi [budji]
Socken	zokni [sokni]
Sommerkleid	nyári ruha [njahri ruho]
Strickjacke	kardigán [korrdigahn]
Strümpfe	harisnya [horrischnjo]
Strumpfhose	harisnyanadrág [horrischnjonnoddrahg]
Trainingsanzug	tréningruha [trehningruho] melegítő [mälägihtöh]
Unter|hemd	atlétatrikó [ottlehtottrikoh]
~hose	alsónadrág [ollschohnoddrahg]
~wäsche	alsónemű [ollschohnämüh]
Weste	mellény [mällehnj]
Wolle	gyapjú [djoppjuh]

SCHUHGESCHÄFT | CIPŐBOLT [zipöhbolt]

Ich möchte ein Paar ...schuhe.	Szeretnék egy pár ...cipőt. [ssärätnehk ädj pahr ...zipöht]
Ich habe Schuhgröße ...	A méretem ... [o mehrätäm]
Sie sind zu eng/weit.	Ez túl szűk/széles. [äs tuhl ssühk/ssehläsch]
Bitte noch ...	Kérek még ... [kehräk mehg]
eine Tube Schuhcreme./ ein Paar Schnürsenkel.	egy tubus cipőkrémet. [ädj tubusch zipöhkrehmät]/egy pár cipőfűzőt. [ädj pahr zipöhfühsöht]

Gummistiefel	gumicsizma [gumitschismo]
Sandalen	szandál [ssonndahl]
Schuh	cipő [zipöh]
~creme	cipőkrém [zipöhkrehm]
Stiefel	csizma [tschismo]
Turnschuhe	tornacipő [tornozzipöh]

OPTIKER | LÁTSZERÉSZ [lahtssärehss]

Würden Sie mir bitte diese Brille reparieren?	Megjavítaná kérem ezt a szemüveget? [mägjowwihtonnah kehräm äst o ssämüwägät]
Ich bin kurzsichtig/ weitsichtig.	Rövidlátó/Távollátó vagyok. [röwidlahtoh/tahwollahtoh woddjok]
Wie ist Ihre Sehstärke?	Milyen a látása? [mijän o lahtahscho]
Wie viele Dioptrien hat Ihre Brille?	Hány dioptriás a szemüvege? [hahnj dioptriahsch o ssämüwägä]
rechts ..., links ...	a jobb ..., a bal ... [o jobb ... o boll]
plus ..., minus ...	plusz ..., minusz ... [pluss ... mihnuss]
Wann kann ich die Brille abholen?	Mikor lesz kész a szemüveg? [mikor läss kehss o ssämüwäg]
Ich brauche ...	Szükségem van ... [ssükschehgäm wonn]
Aufbewahrungslösung	tartósító oldatra [torrtohschihtoh oldottro]
Reinigungslösung	tisztítófolyadékra [tisstihtohfojoddehkro]
für harte/weiche Kontaktlinsen.	kemény/lágy kontaktlencsére. [kämehnj/lahdj kontocktläntschehrä]
Ich suche ...	... keresek. [käräschäk]
eine Sonnenbrille.	napszemüveget ... [noppssämüwägät]
ein Fernglas.	távcsőt ... [tahwtschöht]

SCHMUCKWAREN	ÉKSZER [ehkssär]
Meine Uhr geht nicht mehr. Können Sie mal nachsehen?	Megállt az órám. Meg tudná javítani? [mägahllt os ohrahm. mäg tudnah jowwihtonni]
Ich möchte ein hübsches Andenken/Geschenk.	Szeretnék egy szép emléktárgyat/ajándékot. [ssärätnehk ädj ssehp ämlehktahrdjott/ ojjahndehkot]

Armband	karkötő [korrkötöh]
~uhr	karóra [korrohro]
Brosche	bross [broschsch]
Gold	arany [orronnj]
Kette	lánc [lahnz]
Kristall	kristály [krischtahj]
Modeschmuck	divatékszer [diwottehksär]
Ohrringe	fülbevaló [fülbäwolloh]
Perle	gyöngy [djöndj]
Ring	gyűrű [djührüh]
Schmuck	ékszer [ehkssär]
Silber	ezüst [äsüscht]

SCHREIBWAREN	KÖNYV ÉS ÍRÓSZEREK [könjw ehsch ihrohssäräk]
Ich hätte gern ...	Szeretnék egy ... [ssärätnehk ädj]
eine deutsche Zeitung.	német újságot. [nehmät uhjschahgot]
eine Zeitschrift.	folyóiratot. [fojoirottot]
einen Reiseführer.	útikalauzt. [uhtikolloust]

Ansichtskarte	képeslap [kehpäschlopp]
Bleistift	ceruza [zäruso]
Brief|marke	bélyeg [behjäg]
~papier	levélpapír [läwehlpoppihr]
~umschlag	boríték [borihtäk]
Illustrierte	magazin [moggosin]
Klebstoff	ragasztó [roggosstoh]
Kugelschreiber	golyóstoll [gojohschtoll]
Landkarte	térkép [tehrkehp]
Notizblock	jegyzettömb [jädjsättömb]
Papier	papír [poppihr]
Radiergummi	radír [roddihr]
Reiseführer	útikönyv, útikalauz [uhtikönjw, uhtikollous]
Roman	regény [rägehnj]
Spielkarten	(játék)kártya [(jahtehk)kahrtjo]
Stadtplan	várostérkép [wahroschtehrkehp]
Straßenkarte	autótérkép [outohtehrkehp]
Taschenbuch	zsebkönyv [schäbkönjw]

Wanderkarte	turistatérkép [turischtottehrkehp]
Zeichenblock	rajztömb [rojjstömb]
Zeitschrift	folyóirat [fojoirott]
Zeitung	újság [uhjschahg]

TABAKWAREN	**DOHÁNYÁRU** [dohahnjahru]
Ein Päckchen/Eine Stange ... Zigaretten mit/ohne Filter, bitte.	Kérek egy doboz/rúd ... füstszűrős/ füstszűrő nélküli cigarettát. [kehräk ädj dobos/ruhd füschtssühröhschl/füschtssühröh nehlküli zigorrättaht]
Zehn Zigarren/Zigarillos, bitte.	Kérek tíz szivart/cigarillót. [kehräk tihs ssiworrt/ssigorrilloht]
Ein Päckchen/Eine Dose (Pfeifen-)Tabak, bitte.	Kérek egy csomag/doboz (pipa)dohányt. [kehräk ädj tschomogg/dobos (pipo)dohahnjt]
Eine Schachtel Streichhölzer/Ein Feuerzeug, bitte.	Kérek egy doboz gyufát/egy öngyújtót. [kehräk ädj dobos djufaht/ädj öndjuhjtoht]

Bilder
zum Zeigen
Kleidung

in der Drogerie

Bilder
zum Zeigen

Elektroartikel

Schreiben & Rauchen

Übernachtung

Ein Doppelzimmer, bitte

Ungarns Übernachtungsmöglichkeiten bieten etwas für jeden Geschmack und Geldbeutel: Vom restaurierten Herrenhaus "kúria" [kuhrio] und Schloss "kastély" [koschtehj] mit Reitstall und Beautyfarm bis hin zu Studentenwohnheimen, die während der Ferien – von Mitte Juni bis Anfang September – zu Jugendherbergen und Touristenunterkünften umfunktioniert werden. Der Urlaub auf dem Bauernhof "falusi turizmus" [folluschi turismusch] mit preiswerten, einfachen Unterkünften in uriger, stimmungsvoller Umgebung steht hoch im Kurs.

Villa ist nicht gleich Villa

Die Ungarn nennen Ferienhäuser "nyaraló" [njorrolloh] gelegentlich "villa" [willo]. Auf der Fassade mancher älteren Häuschen steht "Marika-Villa" oder Ähnliches. Solche Privatzimmerdienste, die sich „Villendienst" nennen, bieten ganz normale Ferienhäuser an.

Können Sie mir bitte … empfehlen?	Tudna ajánlani egy … [tudno ojjahnlonni ädj]
ein gutes Hotel	jó szállodát? [joh ssahllodaht]
eine Pension	panziót? [ponnsioht]
Gibt es hier eine Jugendherberge/ einen Campingplatz?	Van itt egy ifjúsági szálló/egy kemping? [wonn itt ädj ifjuhschahgi ssahlloh/ädj kämping]

… im Hotel

REZEPTION	**PORTA** [porto]
Ich habe bei Ihnen ein Zimmer reserviert. Mein Name ist …	Foglaltam önöknél egy szobát. A nevem … [foglolltomm önöknehl ädj ssobaht. o näwäm]
Haben Sie noch Zimmer frei?	Van még szabad szobájuk? [wonn mehg ssobbodd ssobahjuk]
… für eine Nacht.	egy éjszakára [ädj ehjssockahro]
… für zwei Tage.	két napra [keht noppro]
… für eine Woche.	egy hétre [ädj hehträ]
Nein, wir sind leider vollständig belegt.	Nem, sajnos telt házunk van. [näm schojjnosch tält hahsunk wonn]
Ja, was für ein Zimmer wünschen Sie?	Igen, milyen szobát óhajt? [igän mijän ssobaht ohhojjt]
ein Einzelzimmer	egy egyágyas szobát [ädj ädjahdjosch ssobaht]
ein Zweibettzimmer	egy kétágyas szobát [ädj kehtahdjosch ssobaht]
mit Dusche	zuhannyal [suhonnjoll]
mit Bad	fürdőszobával [fürdöhssobahwoll]
ein ruhiges Zimmer	egy nyugodt szobát [ädj njugott ssobaht]
mit Seeblick	kilátással a tóra [kilahtahschscholl o tohro]
Kann ich das Zimmer ansehen?	Megnézhetem a szobát? [mägnehshätäm o ssobaht]

Können Sie noch ein drittes Bett/Kinderbett dazustellen?	Be tud állítani egy harmadik ágyat/gyerekágyat? [bä tud ahllihtonni äd horrmoddik ahdjott/djäräkahdjott]
Was kostet das Zimmer mit ...	Mennyibe kerül a szoba ... [männjibä kärül o ssobo]
Frühstück?	reggelivel? [räggäliwäl]
Halbpension?	félpanzióval? [fehlponnsiohwoll]
Vollpension?	teljes ellátással? [täljäsch ällahtahschscholl]
Ab wann gibt es Frühstück?	Mikortól van reggeli? [mikortohl wonn räggäli]
Wo ist der Speisesaal?	Hol van az étterem? [hol wonn os ehttäräm]

Frühstück: ⇒ ESSEN & TRINKEN, 42, 44

Wecken Sie mich bitte morgen früh um ... Uhr.	Ébresszen kérem holnap reggel ... órakor. [ehbrässän kehräm holnopp räggäl ... ohrockor]
Bitte meinen Schlüssel.	Kérem a kulcsomat. [kehräm o kultschomott]

BEANSTANDUNGEN — PANASZ [ponnoss]

Das Zimmer ist nicht gereinigt worden.	A szobát nem takarították ki. [o ssobaht näm tockorrihtottahk ki]
Die Dusche ...	A zuhany ... [o suhonnj]
Die Spülung ...	Az öblítés ... [os öblihtehsch]
Die Heizung ...	A fűtés ... [o fühtehsch]
Das Licht ...	A lámpa ... [o lahmpo]
funktioniert nicht.	nem működik. [näm mühködik]
Es kommt kein (warmes) Wasser.	Nem folyik a (meleg) víz. [näm fojik o (mäläg) wihs]
Die Toilette/Das Waschbecken ist verstopft.	A WC/A mosdókagyló eldugult. [ɔ wehzeh/o moschdohkoddjloh äldugult]

ABREISE — ELUTAZÁS [älutosahsch]

Ich reise heute Abend/morgen um ... Uhr ab.	Ma este/holnap ... órakor elutazom. [mo äschtä/holnopp ... ohrockor älutosom]
Machen Sie bitte die Rechnung fertig.	Készítse el kérem a számlámat. [kehssihtschä äl kehräm o ssahmlahmott]

Nehmen Sie Euro?	Elfogad német euro? [älfogodd nehmät äuro]
Nehmen Sie Kreditkarten?	Elfogad hitelkártyát? [älfogodd hitälkahrtjaht]
Nehmen Sie EC-Karten?	Elfogad debit-kártyát? [älfogodd däbitkahrtjaht]
Vielen Dank für alles! Auf Wiedersehen!	Nagyon köszönök mindent. Viszontlátásra. [noddjon kössönök mindänt. wissontlahtahschro]

Abendessen .... vacsora [wottschoro]
Anmeldung .... bejelentkezés [bäjäläntkäsehsch]
Badezimmer .... fürdőszoba [fürdöhssobo]
Bett .... ágy [ahdj]
~wäsche .... ágynemű [ahdjnämüh]
Dusche .... zuhany [suhonnj]
Empfangshalle .... szállodahall [ssahllodohholl]
Etage .... emelet [ämälät]
Fenster .... ablak [obblock]
Fernsehraum .... tévészoba [tehwehssobo]
Frühstück .... reggeli [räggäli]
Frühstücksraum .... reggelizőhelyiség [räggälisöhhäjischehg]
Halbpension .... félpanzió [fehlponnsioh]
Handtuch .... törölköző [törölkösöh]
Hauptsaison .... főszezon [föhssäson]
Heizung .... fűtés [fühtehsch]
Kinder|betreuung .... gyermekmegőrzés [djärmäkmägöhrsehsch]
~bett .... gyerekágy [djäräkahdj]
Klimaanlage .... légkondicionáló [lehgkondizionahloh]
Kopfkissen .... fejpárna [fäjpahrno]
Lampe .... lámpa [lahmpo]
Mittagessen .... ebéd [äbehd]
Nachsaison .... utószezon [utohssäson]
Nachttisch .... éjjeliszekrény [ehjjälissäkrehnj]
~lampe .... éjjelilámpa [ehjjälilahmpo]
Pension .... panzió [ponnsioh]
Portier .... portás [portahsch]
Radio .... rádió [rahdioh]
reinigen .... takarít/tisztít [tockorriht/tisstiht]
Reservierung .... foglalás [foglollahsch]
Rezeption .... recepció, porta [räzäpzioh, porto]
Safe .... széf [ssehf]
Schlüssel .... kulcs [kultsch]
Schrank .... szekrény [ssäkrehnj]
Speisesaal .... étterem [ehttäräm]
Steckdose .... konnektor [konnäktor]
Stecker .... konnektordugó [konnäktordugoh]
Toilette .... WC/vécé [wehzeh]
Übernachtung .... éjszakázás [ehjssockahsahsch]

Vollpension	teljes ellátás [täljäsch állahtahsch]
Vorsaison	előszezon [älöhssäson]
Waschbecken	mosdókagyló [moschdohkoddjloh]
Wasser	víz [wihs]
~hahn	vízcsap [wihsstschopp]
Zimmer	szoba [ssobo]
~mädchen	szobalány [ssobollahnj]
Zwischenstecker	T-dugó [tehdugoh]

... IM FERIENHAUS

„Vertriebene" Hausbesitzer

Insider Tipp

Entscheiden Sie sich für eine mit „Zimmer frei"-Schild gekennzeichnete Unterkunft am Balaton, kann es passieren, dass die Hausbesitzer für Sie ihre eigenen Zimmer räumen und ins Gartenhäuschen ziehen. Sollte Ihnen diese Vorstellung unangenehm sein, klären Sie dies bitte im Vorfeld ab.

Ist der ... im Mietpreis enthalten?	Benne van a(z) ... a bérleti díjban? [bännä wonn o(s) ... o behrläti dihjbonn]
Stromverbrauch	áramfogyasztás [ahrommfodjosstahsch]
Wasserverbrauch	vízfogyasztás [wihsfodjosstahsch]
Sind Haustiere erlaubt?	Szabad háziállatot hozni? [ssobbodd hahsiahllottot hosni]
Wo bekommen wir die Schlüssel für das Haus/die Wohnung?	Hol kapjuk meg a ház/a lakás kulcsát? [hol koppjuk mäg o hahs/o lockahsch kultschaht]
Müssen wir die Endreinigung selbst übernehmen?	Nekünk kell elutazás előtt kitakarítani? [näkünk käll älutosahsch älöhtt kitockorrihtonni]

Anreisetag	érkezési nap [ehrkäsehschi nopp]
Appartement	apartman [opporrtmonn]
Bungalow	faház/bungaló [fahahs/bungolloh]
Ferienlanlage	üdülőtelep [üdülöhtäläp]
~haus	nyaraló [njorrolloh]
~wohnung	nyaralólakás [njorrollohlockahsch]
Hausbesitzer	háztulajdonos [hahstulojjdonosch]
Haustiere	háziállat [hahsiahllott]
Herd	tűzhely [tühshäj]
Kaffeemaschine	kávéfőző [kahwehföhsöh]
Kochnische	főzőfülke [föhsöhfülkä]

Kühlschrank	hűtőszekrény [hühtöhssäkrehnj]
Miete	bér(leti díj) [behr(läti dihj)]
Müll	szemét [ssämeht]
Nebenkosten	mellékköltségek [mällehcköltschehgäk]
Schlaf|couch	heverő [häwäröh]
~zimmer	hálószoba [hahlohssobo]
Strom	áram [ahromm]
Toaster	kenyérpirító [känjehrpirihtoh]
vermieten	kiad [kiodd]
Waschmaschine	mosógép [moschohgehp]

... AUF DEM CAMPINGPLATZ

Haben Sie noch Platz für einen Wohnwagen/ein Zelt?	Van még hely egy lakókocsinak/ egy sátornak? [wonn mehg häj ädj lockohkotschinock/ädj schahtornock]
Wie hoch ist die Gebühr pro Tag und Person?	Mennyit kell fizetni naponta és személy-enként? [männjit käll fisätni nopponto ehsch ssämehjänkehnt]
Wie hoch ist die Gebühr für ...	Mennyit kell fizetni ... [männjit käll fisätni]
das Auto?	az autóért? [os outohehrt]
den Wohnwagen?	a lakókocsiért? [o lockohkotschiehrt]
das Zelt?	a sátorért? [o schahtorehrt]
Wir bleiben ... Tage.	(Mi) ... napot maradunk. [(mi) ... noppot morroddunk]
Wir bleiben ... Wochen.	(Mi) ... hetet maradunk. [(mi) ... hätät morroddunk]
Gibt es hier ein Lebensmittelgeschäft?	Van itt egy élelmiszerüzlet? [wonn itt ädj ehlälmissärüslät]
Wo sind die ...	Hol van a ... [hol wonn o]
Toiletten?	WC/vécé? [wehzeh]
Waschräume?	mosdó? [moschdoh]
Duschen?	tusoló? [tuscholoh]
Gibt es hier Stromanschluss?	Van itt elektromos csatlakozás? [wonn itt äläktromosch tschottlockosahsch]

Benutzungsgebühr	használati díj [hossnahlotti dihj]
Camping	kemping [kämping]
~platz	kemping [kämping]
Gas|flasche	gázpalack [gahspollozzk]
~kocher	gázfőző [gahsföhsöh]

Geschirrspülbecken	mosogató [moschogottoh]
Kocher	főző [föhsöh]
leihen	kölcsönöz [költschönös]
Leihgebühr	kölcsönzési díj [költschönsehschi d hj]
Petroleumlampe	petroleumlámpa [pätroläumlahmpo]
Steckdose	konnektor [konnäktor]
Stecker	konnektordugó [konnäktordugoh]
Strom	áram [ahromm]
~anschluss	elektromos csatlakozás [äläktromosch tschottlockosahsch]
Trinkwasser	ivóvíz [iwohwihs]
Voranmeldung	előre bejelentkezés [älöhrä bäjäläntkäsehsch]
Wasser	víz [wihs]

... in der Jugendherberge

Kann ich bei Ihnen ... — Lehet önöknél ... [lähät önöknehl]

Bettwäsche — ágyneműt [ahdjnämüht]

einen Schlafsack — hálózsákot [hahlohschahkot]

... leihen? — ... kölcsönözni? [költschönösni]

Die Eingangstür wird um 24 Uhr abgeschlossen. — A bejárati ajtót éjfélkor bezárják. [o bäjahrotti ojjtoht ehjfehlkor bäsahrjahk]

Bettwäsche	ágynemű [ahdjnämüh]
Jugendherberge	ifjúsági szálló [ifjuhschahgi ssahlloh]
Jugendherbergsausweis	diákszálló-igazolvány [diahkssahlloh igosolwahnj]
Mitgliedskarte	tagsági igazolvány [toggschahgi igosolwahnj]
Schlaflsaal	hálóterem [hahlohtäräm]
~sack	hálózsák [hahlohschahk]
Waschraum	mosdó [moschdoh]

Bilder
zum Zeigen

Waschen &

Schlafen

Bilder
zum Zeigen

für alle Fälle

Besichtigungen/Unterhaltung
Was unternehmen wir?

Außer den üblichen Balaton-Pußta-Budapest-Touristenfahrten haben Natur und Architektur noch um einiges mehr zu bieten. Ungarn ist mit seinen sanften Hügeln, idyllischen Landstrichen, verschlafenen Dörfern, bewaldeten Mittelgebirgen und seinem Reichtum an natürlichen Gewässern voller beschaulicher Schönheiten.

Von römischen Ruinen über romanische Kirchen und Renaissanceburgen bis hin zu Jugendstilgebäuden findet man im Karpatenbecken schönste Beispiele der Baukunst verschiedener Epochen.

Ich möchte einen Stadtplan von ... haben.	Szeretnék egy ... i várostérképet. [ssärätnehk ädj ... i wahroschtehrkehpät]
Welche Sehenswürdigkeiten gibt es hier?	Milyen látnivalók vannak itt? [mijän lahtniwollohk wonnock itt]
Gibt es Stadtrundfahrten?	Van városnéző kirándulás? [wonn wahroschnehsöh kirahndulahsch]
Was kostet die Rundfahrt?	Mennyibe kerül a körutazás? [männjibä kärül o körutosahsch]
Besichtigen wir auch ...?	Megtekintjük ...t is? [mägtäkintjük ...t isch]
Wann fahren wir zurück?	Mikor megyünk vissza? [mikor mädjünk wisso]

SEHENSWERTES

Wann ist das Museum geöffnet?	Mikor van nyitva a múzeum? [mikor wonn njitwo o muhsäum]
Wann beginnt die Führung?	Mikor kezdődik a vezetés? [mikor käsdöhdik o wäsätehsch]
Ist das ...?	Ez a(z) ...? [äs o(s) ...]

Altar	oltár [oltahr]
Altstadt	óváros [ohwahrosch]
Amphitheater	amfiteátrum [ommfitäahtrum]
Architektur	építészet [ehpihtehssät]
Arena	aréna [orrehno]
Ausflug	kirándulás [kirahndulahsch]
Ausgrabungen	ásatások [ahschottahschok]
Aussichtspunkt	kilátóhely [kilahtohhäj]
Ausstellung	kiállítás [kiahllihtahsch]
Besichtigung	látogatás/megtekintés [lahtogottahsch/mägtäkintehsch]

Traditionen

Am Tag des Staatsgründers Hl. Stefan "Szent István" [ssänt ischtwahn] (20.August), der gleichzeitig das Fest des neuen Brotes "új kenyér ünnepe"[uhj känjehr ünnäpä] ist, gibt es landesweit zahlreiche Veranstaltungen zur Bewahrung der ungarischen Traditionen "hagyományo˝rzo˝ rendezvények" [hoddjomahnjöhrsöh rändäswehnjäk]. In Budapest findet eine Luftparade "légiparádé" [lehgiporrahdeh] über der Donau statt. Der Feiertag wird in fast jeder Stadt mit einem spektakulären Feuerwerk gekrönt.

Bild	kép [kehp]
~hauer	szobrász [ssobrahss]
Burg	vár [wahr]
Denkmal	műemlék [müämlehk]
Dom *(Kirche)*	dóm/székesegyház [dohm/ssehkäschädjhahs]
Festung	erőd [äröhd]
Fischerhafen	halászkikötő [hollahsskikötöh]
Fremdenführer	idegenvezető [idägänwäsätöh]
Friedhof	temető [tämätöh]
Führung	vezetés [wäsätehsch]
Galerie	galéria [gollehrio]
Gebäude	épület [ehpülät]
Gebirge	hegység [hädjschehg]
Gemälde	festmény [fäschtmehnj]
Gobelin	gobelin [goblän]
Gottesdienst	istentisztelet [ischtäntisstälät]
Kaiser/in	császár/nő [tschahssahr/nöh]
Kapelle	kápolna [kahpolno]
Kathedrale	székesegyház/katedrális [ssehkäschädjhahs/kottädrahlisch]
Kirche	templom [tämplom]
König/in	király/nő [kirahj/nöh]
Landschaft	táj/vidék [tahj/widehk]
Malerei	festészet [fäschtehssät]
Maler/in	festő [fäschtöh]
Markt	vásár/piac [wahschahr/pioz]
~halle	vásárcsarnok [wahschahrtschorrnok]
Museum	múzeum [muhsäum]
Naturschutzgebiet	természetvédelmi terület [tärmehssätwehdälmi tärülät]
Plastik	szobor [ssobor]
Platz	tér [tehr]
Rathaus	városháza [wahroschhahso]
Religion	vallás [wollahsch]
restaurieren	restaurál [räschtourahl]
Ruine	rom [rom]
Rundfahrt	körutazás [körutosahsch]
Schloss	kastély [koschtehj]
See	tó [toh]
Sehenswürdigkeiten	látnivalók [lahtniwollohk]
Stadtrundfahrt	városnézés [wahroschnehsehsch]
Tagesausflug	egésznapos kirándulás [ägehssnopposch kirahndulahsch]
Turm	torony [toronj]
Wald	erdő [ärdöh]
Wasserfall	vízesés [wihsäschehsch]
Zoo	állatkert [ahllottkärt]

Open air

Die Ungarn sind große Musik- und Kulturliebhaber. Besonders im Sommer finden unzählige niveauvolle Veranstaltungsreihen unter Mitwirkung anerkannter ungarischer Künstler statt – und das zu erschwinglicheren Preisen als die speziell für ausländische Touristen geplanten Programme. Informationen erteilt z.B. der Touristeninformationsdienst TOURINFORM.

BAR/DISKOTHEK/ NACHTCLUB	BÁR/DISZKÓ/ÉJSZAKAI MULATÓ [bahr/disskoh/ehjssockoi mulottoh]
Gibt es hier eine gemütliche Kneipe?	Van itt valahol egy kellemes vendéglő/ kocsma? [wonn itt wollohol ädj kälämäsch wändehglöh/kotschmo]
Wo kann man hier tanzen gehen?	Hol lehet itt táncolni? [hol lähät itt tahnzolni]
Ist Abendgarderobe erwünscht?	Szükséges alkalmi öltözet? [ssükschehgäsch ollkollmi öltösät]
Im Eintrittspreis ist ein Getränk enthalten.	A belépőjegyben egy ital benne van. [o bälehpöhjädjbän ädj itoll bännä wonn]
Ein Bier, bitte.	Kérek egy sört. [kehräk ädj schört]
Das Gleiche noch einmal.	Még egyszer ugyanazt. [mehg ädjssär udjonnost]
Diese Runde übernehme ich.	Ezt a rundót én fizetem. [äst o rundoht ehn fisätäm]
Wollen wir (noch einmal) tanzen?	Táncolunk (még egyszer)? [tahnzolunk (mehg ädjssär)]

ausgehen . . . . szórakozni megy [ssohrockosni mädj]
Band . . . . együttes [ädjüttäsch]
Bar . . . . bár [bahr]
Discjockey . . . . lemezlovas [lämäslowosch]

Diskothek	diszkó [disskoh]
Folklore	folklór [folklohr]
~abend	folklórest [folklohräscht]
~musik	folklórzene [folklohrsänä]
Kneipe	kocsma [kotschmo]
Live-Musik	élőzene [ehlöhsänä]
Nachtclub	éjszakai mulató [ehjssockoi mulottoh]
Show	show-műsor [schohmühschor]
Spielcasino	játékkaszinó [jahtehckossinoh]
tanzen	táncol [tahnzol]
Tanz|kapelle	tánczenekar [tahnzsänäkorr]
~musik	tánczene [tahnzsänä]
Türsteher	kidobó [kidoboh]

THEATER/KONZERT/KINO — SZÍNHÁZ/KONCERT/MOZI [ssihnhahs/konzärt/mosi]

Haben Sie einen Veranstaltungskalender für diese Woche?	Van rendezvénynaptárjuk erre a hétre? [wonn rändäswehnjnopptahrjuk ärrä o hehträ]
Welches Stück wird heute Abend im Theater gespielt?	Milyen darabot játszanak ma este a színházban? [mijän dorrobbot jahtssonnock mo äschtä o ssihnhahsbonn]
Können Sie mir ein gutes Theaterstück empfehlen?	Tud nekem egy jó színdarabot ajánlani? [tud näkäm ädj joh ssihndorrobbot ojjahnlonni]
Wann beginnt die Vorstellung?	Mikor kezdődik az előadás? [mikor käsdöhdik os älöoddahsch]
Wo bekommt man Karten?	Hol lehet jegyet kapni? [hol lähät jädjät koppni]
Bitte zwei Karten für heute Abend.	Két jegyet kérek ma estére. [keht jädjät kehräk mo äschtehrä]
Bitte zwei Karten zu ... Forint	Kérek két jegyet ... forintért. [kehräk keht jädjät ... forintehrt]
Kann ich bitte ein Programm haben?	Kaphatok egy műsorfüzetet? [kopphottok ädj mühschorfüsätät]
Wo ist die Garderobe?	Hol van a ruhatár? [hol wonn o ruhottahr]

Ballett	balett [bollätt]
Eintrittskarte	belépőjegy [bälehpöhjädj]
Festival	fesztivál [fässtiwahl]
Film	film [film]
Kasse	pénztár [pehnstahr]
Kino	mozi [mosi]
Konzert	koncert/hangverseny [konzärt/honngwärschänj]
Musical	musical [mjusikäl]
Oper	opera [opäro]
Premiere	bemutató [bämutottoh], premier [prömiär]
Schauspiel	színdarab [ssihndorrobb]
Theater	színház [ssihnhahs]
Veranstaltungskalender	rendezvénynaptár [rändäswehnjnopptahr]
Vorstellung *(Theater)*	előadás [älöoddahsch]
Vorverkauf	elővétel [älöhwehtäl]
Zirkus	cirkusz [zirkuss]

Strand & Sport

Wie weit ist es zum Strand?

Angeln, Segeln, Reiten und Jagen sind die bevorzugten Sportarten im Aktivurlaub. An größeren Stränden – so nennt man die Freibäder am Balaton – kann man Tennis und Beach-Volleyball spielen, Surfen, Rudern und Tretboot fahren. Spiel und Spaß werden hier groß geschrieben. Alle möglichen Turniere werden veranstaltet, z.B. Wasserfußball, Sandburgbauen oder ein Fischsuppewettbewerb. Und für diejenigen, die einfach die Seele baumeln lassen möchten: die landesweit unter der Erde schlummernden warmen Quellen wurden vielerorts zu komfortablen Bädern ausgebaut.

Bis zum Bauchnabel

Die Touristen reißen Witze, dass das Wasser des „ungarischen Meeres" an tiefster Stelle bis zum Bauchnabel reicht. Der größte See Mitteleuropas darf aber nicht unterschätzt werden: In Ungarn ertrinken durchschnittlich 25 Menschen im Jahr, die meisten von ihnen im Plattensee. Nehmen Sie also die Sturmwarnungen ernst!

IM SCHWIMMBAD/ AM STRAND	**USZODÁBAN/STRANDON** [ussodahbonn/schtronndon]
Gibt es hier ein …	Van itt egy … [wonn itt ädj]
Freibad?	strand? [schtronnd]
Hallenbad?	fedett uszoda? [fädätt ussodo]
Ist es für Kinder gefährlich?	Veszélyes a gyerekeknek? [wässehjäsch o djäräkäknäk]
Ich möchte … mieten.	Szeretnék … bérelni. [ssärätnehk … behrälni]
ein Boot	egy csónakot [ädj tschohnockot]
ein Paar Wasserski	egy vízisít [ädj wihsischiht]
Was kostet es pro Stunde/Tag?	Mennyibe kerül egy órára/egy napra? [männjibä kärül ädj ohrahro/ädj noppro]

SPORT	**SPORT** [schport]
Welche Sportmöglichkeiten gibt es hier?	Milyen sportolási lehetőségek vannak itt? [mijän schportolahschi lähätöhschehgäk wonnock itt]
Gibt es hier …	Van itt … [wonn itt]
einen Golfplatz?	egy golfpálya [ädj golfpahjo]
einen Tennisplatz?	egy teniszpálya? [ädj tänisspahjo]
Wo kann man hier angeln?	Hol lehet itt horgászni? [hol lähät itt horgahssni]

Plattensee-Durchschwimmen

Jedes Jahr machen sich Zehntausende von Ungarn auf, den Plattensee zu durchqueren. Die 5,2 km lange Strecke zwischen Révfülöp und Boglárlelle ist mit Sanitätern und Rettungsbooten bestens gesichert. Das Event findet wetterbedingt an einem Samstag gegen Ende Juli bis Anfang August statt.

Ich möchte für ... Tage/eine Woche ... ein Fahrrad mieten.	Szeretnék ... napra/egy hétre ... [ssärätnehk ... noppro/ädj hehträ] egy kerékpárt bérelni. [ädj kärehkpahrt behrälni]
Ich möchte eine Bergtour machen.	Szeretnék egy hegyi túrát tenni. [ssärätnehk ädj hädji tuhraht tänni]
Wo kann ich ... ausleihen?	Hol kölcsönözhetek ...t? [hol költschönöshätäk ... t]
Ich möchte einen ...kurs machen.	Szeretnék egy ... tanfolyamot csinálni. [ssärätnehk ädj ... tonnfojommot tschinahlni]
Kann ich mitspielen?	Játszhatok én is? [jahtsshottock ehn isch]

Anfänger	kezdő [käsdöh]
Angel	horgászfelszerelés [horgahssfälssärälehsch]
~schein	horgászengedély [horgahssängädehj]
Bademeister	úszómester [uhssohmäschtär]
Ball	labda [lobbdo]
Basketball	kosárlabda [koschahrlobbdo]
Bergsteigen	hegymászás [hädjmahssahsch]
Bootsverleih	csonakkölcsönző [tschohnocköltschönsöh]
Doppel	páros [pahrosch]
Dusche	tusoló [tuscholoh]
Eintrittskarte	(belépő)jegy [(bälehpöh)jädj]
Einzel	egyes [ädjäsch]
Eis|bahn	jégpálya [jehgpahjo]
~hockey	jéghoki [jehghoki]
Fallschirmspringen	ejtőernyőzés [äjtöärnjöhsehsch]
Federball	tollaslabda [tolloschlobbdo]
FKK-Strand	nudistastrand [nudischtoschtronnd]
Freibad	strand [schtronnd]
Fußball	futball [futboll]
~mannschaft	futballcsapat [futbolltschoppott]
~platz	futballpálya [futbollpahjo]
~spiel	futballmérközés [futbollmehrköhsehsch]
gewinnen	nyer [njär]
Golf	golf [golf]
~schläger	golfütő [golfütöh]
Gymnastik	torna [torno]
Handball	kézilabda [kehsilobbdo]
joggen	kocog [kozog]
Kanu	kenu [känu]
Kurs	tanfolyam [tonnfojomm]
Langlauf	sífutás [schihfutahsch]
Leichtathletik	(könnyű)atlétika [(könnjüh)ottlehtiko]
Luftmatratze	gumimatrac [gumimottrozz]
Mannschaft	csapat [tschoppott]
Meisterschaft	bajnokság [bojjnokschahg]

Motorboot	motorcsónak [motortschohnock]
Nichtschwimmer	nem úszó [näm uhssoh]
Niederlage	vereség [wäräschehg]
Paddelboot	kajak [kojjock]
Programm	program [progromm]
Rad fahren	kerékpározás [kärehkpahrosahsch]
Rad|rennen	kerékpárverseny [kärehkpahrwärschänj]
~tour	kerékpártúra [kärehkpahrtuhro]
Regatta	csónakverseny [tschohnockwärschänj]
reiten	lovagol [lowoggol]
Reitsport	lovassport [lowoschschport]
Rennen	verseny [wärschänj]
Ruderboot	evezős csónak [äwäsöhsch tschohnock]
Rudern	evezés [äwäsehsch]
Sand	homok [homok]
Sauna	szauna [ssauno]
Schiedsrichter	bíró [bihroh]
Schlauchboot	gumicsónak [gumitschohnock]
Schlittschuhe	korcsolya [kortschojo]
Schwimmbad	fedett uszoda [fädätt ussodo]
schwimmen	úszás [uhssahsch]
Schwimm|flossen	búváruszony [buhwahrussonj]
~ring	úszóöv [uhssoöw]
Segel|boot	vitorlás(csónak) [witorlahsch(tschohnock)]
~fliegen	vitorlásrepülés [witorlahschräpülehsch]
Segeln	vitorlázás [witorlahsahsch]
Sieg	győzelem [djöhsäläm]
Solarium	szolárium [ssolahrium]
Sonnenschirm	napernyő [noppärnjöh]
Spiel	játék [jahtehk]
Sportler/in	sportoló [schportoloh]
Sportplatz	sportpálya [schportpahjo]
Sprungbrett	ugródeszka [ugrohdässko]
Squash	squash [sskwosch]
Start	rajt [rojjt]
Surfbrett	surfdeszka [ssörfdässko]
Surfen	surfözik [ssörfösik]
tauchen	búvárkodik [buhwahrkodik]
Taucher|ausrüstung	búvárfelszerelés [buhwahrfälssärälehsch]
~brille	búvárszemüveg [buhwahrssämüwäg]
Tennis	tenisz [täniss]
~schläger	teniszütő [tänissütöh]
Tor	kapu [koppu], *(Ausruf)* gól [gohl]
~wart	kapus [koppusch]
Tretboot	vízibicikli [wihsibizikli]
Volleyball	röplabda [röplobbdo]
Wandern	gyalogtúrázás [djollogtuhrahsahsch]
Wanderweg	turistaút [turischtouht]
Wasserball	vízilabda [wihsilobbdo]

Mit Kindern unterwegs
Für die Kleinsten das Größte

Für Kinder ist Ungarn ein Paradies. Am Balaton sind die Programmangebote schier unerschöpflich: Nostalgiedampfer, Rundfahrten mit dem Mikrobus, Spaßveranstaltungen am Strand, Zirkusse, Tierausstellungen, Ponyreiten …
Es empfiehlt sich auch, sich nach den Kinderprogrammen der zahlreichen Freilichtfestivals zu erkundigen.
Das anspruchsvolle Angebot in einem "játszóház" [jahtssohhahs] „Spielhaus" reicht vom Töpfern bis zum Volkstanz, vom Bogenschießen bis zum Puppentheater.

Von Kind zu Kind

Wie heißt du?	Hogy hívnak? [hodj hihwnock]
Ich heiße ...	...nak/nek hívnak. [...nock/näk hihwnock]
Woher kommst du?	Honnan jössz? [honnonn jöss]
Ich komme aus ...	...ból/ből jövök. [...bohl/böhl jöwök]
Willst du mit mir spielen?	Akarsz velem játszani? [ockorrss wäläm jahtssonni]

Gibt es auch Kinderportionen? — Van gyerekadag is? [wonn djäräkoddogg isch]

Könnten Sie mir bitte das Fläschchen warm machen? — Kérem meg tudná melegíteni a cumisüveget? [kehräm mäg tudnah mälägihtäni o zumischüwägät]

Haben Sie einen Wickelraum? — Van pelenkázóhelyiségük? [wonn pälänkahsohhäjissehgük]

Bitte bringen Sie noch einen Kinderstuhl. — Kérem hozzon egy gyerekszéket. [kehräm hosson ädj djäräkschehkät]

Babysitter	Babysitter [behbissittär], gyerekvigyázó [djäräkwidjahsoh]
Fläschchenwärmer	cumisüvegmelegítő [zumischüwägmälägihtöh]
Kinderlautositz	autóba való gyerekülés [outohbo wolloh djäräkülehsch]
~betreuung	gyermekfelügyelet [djärmäkfälüdjälät]
~ermäßigung	gyermekkedvezmény [djärmäckädwäsmehnj]
~nahrung	gyermekétel [djärmäkehtäl]
Planschbecken	pancsolómedence [ponntscholohmädänzä]
Schnuller	cumi [zumi]
Schwimmring	úszógumi [uhssohgumi]
Spielplatz	játszótér [jahtssohtehr]
Spielsachen	játékszerek [jahtehkssäräk]
Wickeltisch	pelenkázó asztal [pälänkahsoh osstoll]

Wau

Hund	vau-vau [wou]	Frosch	brekeke [bräckäkä]
Katze	miáu-miáu [miau]	Biene	züm-züm [süm]
Kuh	bú [buh]	Vogel	csip-csip [tschip]
Ente	háp-háp [hahp]	Schwein	röf-röf [röf]
Kuckuck	kakukk [kockuck]	Hahn	kukurikú [kukurikuh]
Schaf	bee [bää]		

Strand
strand
[schtronnd]
Burg
vár
[wahr]
WELLE
Umziehkabine
kabin
[kobbin]
Sonnenschirm
napernyő
[noppärnjöh]
1 2 3 4
Eiskrem
fagylalt
[foddjlollt]
Bademeister
úszómester
[uhssohmäschtär]
Schaufel
lapát
[loppaht]
Segelboot
vitorlás
[witorlahsch]
Handtuch
törölköző
[törölkösöh]
Floß
tutaj
[tutoj]
Ball
labda
[lobbdo]
Wasser
víz
[wihs]

Bilder
zum Zeigen

Kinder-sachen

Behinderte auf Reisen

Bahn frei ...

Gute Kurhotels an Badeorten sind für Rollstuhlfahrer bestens ausgerüstet und bieten komfortable, behindertengerechte Zimmer. In der Regel sind hier auch eigene Badehallen mit Thermalwasser- und Schwimmbecken vorhanden. Die Mobilität von körperlich Behinderten lässt noch zu wünschen übrig. Den Handlungsbedarf hat man zwar längst erkannt, die Ausführung von behindertengerechten Einrichtungen ist jedoch noch nicht abgeschlossen. So sind Züge und Busse im Allgemeinen nicht mit dem Rollstuhl zugänglich. Es fehlt an Aufzügen und Behindertentoiletten ...

Ich bin körperbehindert/ sehbehindert/ gehbehindert.	Testi fogyatékos/gyengénlátó/mozgáskorlátozott vagyok. [täschti fodjottehkosch/ djängehnlahtoh/mosgahschkorlahtosott woddjok]
Ich habe Multiple Sklerose.	Szklerózis multiplexem van. [ssklärohsisch multiplākssäm wonn]
amputiert	amputált [ommputahlt]
Auffahrtrampe	felhajtórámpa [fälhojjtohrahmpo]
barrierefrei	akadálymentes [ockoddahjmäntäsch]
Behindertentoilette	toalett mozgáskorlátozottak részére [toollätt mosgahschkorlahtosottock rehssehrä]
blind, Blinde/r	vak [wock]
ebenerdig	egyszintes/egyszintű [ädjssintäsch/ädjssintüh]
Einstiegshilfe	beemelő készülék [bäämälöh kehssülehk]
gehbehindert, Gehbehinderte/r	mozgáskorlátozott/mozgássérült [mosgahschkorlahtosott/ mosgahschschehrült]
gehörlos, Gehörlose/r	siket/süket [schikät/schükät]
geistig behindert	szellemi fogyatékos [ssällämi fodjottehkosch]
gelähmt	béna, (le)bénult [behno (lä)behnult]
hörbehindert, Hörbehinderte/r	hallássérült, nagyothalló [hollahschschehrült noddjotholloh]
Körperbehinderung	testi fogyatékosság [täschti fodjottehkoschschahg]
Krücke	mankó [monnkoh]
Mobilitätsbehinderte/r	mozgáskorlátozott [mosgahschkorlahtosott]
pflegebedürftig	gondozásra szoruló [gondosahschro ssoruloh]
Rollstuhl	kerekesszék/rokkantkocsi [käräkäschssehk/rockonntkotschi]
Rollstuhlfahrer/in	kerekesszéket használó személy/rokkantkocsis [käräkäschssehkät hossnahloh ssämehj/rockonntkotschisch]
(Not)rufanlage	(segély)hívó-berendezés [(schägehj) hihwoh bärändäsehsch]
Schwerstbehinderte/r	súlyosan fogyatékos [schuhjoschonn fodjottehkosch]
sehbehindert, Sehbehinderte/r	gyengénlátó/látássérült [djängehnlahtoh/lahtahschschehrült]
stumm	néma [nehmo]
Taststock	tapogatóbot [toppogottohbot]
taub	süket [schükät]
taubstumm	süketnéma [schükätnehmo]
Zeichensprache	jelbeszéd [jälbässehd] [mägkösälihthätöhschehg]

Von A bis Z

Praktische Hinweise

Hier einige nützliche Telefonnummern, die Sie in Ihrem Urlaub hoffentlich nicht brauchen werden:

Polizei "rendőrség" [rändöhrschehg]	107
Rettungswagen "mentők" [mäntöhk]	104
Feuerwehr "tűzoltók" [tühsoltohk]	105
Hilferuf "segélyhívás" [schägehjhihwahsch]	112
Pannendienst "autómentő" [outohmäntöh]	188

Erste Hilfe

Ein Abkommen garantiert neuerdings Ihre medizinische Grundversorgung in dringenden, begründeten Fällen. Die erste Behandlung ist kostenlos, wenn der Tourist dem Arzt einen ausgefüllten Krankenschein vorlegen kann.

ARZT	ORVOS [orwosch]
Beim Arzt	**Az orvosnál** [os orwoschnahl]
Können Sie mir einen guten … empfehlen?	Tud nekem egy jó … ajánlani? [tud näkäm ädj joh … ojjahnlonni]
Arzt	orvost [orwoscht]
Augenarzt	szemorvost [ssämorwoscht] szemészt [ssämehsst]
Frauenarzt	nőgyógyászt [nöhdjohdjahsst]
Hals-Nasen-Ohren-Arzt	fül-orr-gégészt [fülorrgehgehsst]
Hautarzt	bőrgyógyászt [böhrdjohdjahsst]
Kinderarzt	gyermekorvost [djärmäkorwoscht]
Nervenarzt	ideggyógyászt [idägdjohdjahsst]
Praktischen Arzt	általános orvost [ahltollahnosch orwoscht]
Urologen	urológust [urolohguscht]
Zahnarzt	fogorvost [fogorwoscht]
Wo ist seine Praxis?	Hol van a rendelője? [hol wonn o rändälöhjä]
Was für Beschwerden haben Sie?	Mi a panasza? [mi o ponnosso]
Ich habe mich verletzt.	Megsérültem. [mägschehrültäm]
Ich habe Fieber.	Lázas vagyok. [lahsosch woddjok]
Mir ist oft schlecht/schwindelig.	Gyakran vagyok rosszul/szédülök. [djockronn woddjok rossul/ssehdülök]
Ich bin ohnmächtig geworden.	Elájultam. [älahjultomm]
Ich bin stark erkältet.	Nagyon meghűltem. [noddjon mäghühltäm]
Ich habe Kopfschmerzen.	Fáj a fejem. [fahj o fäjäm]
Ich habe Halsschmerzen.	Fáj a torkom. [fahj o torkom]
Ich habe Husten.	Köhögök. [köhögök]

"Gombóc van a torkában"

Insider Tipp

Er/Sie hat einen Knödel im Hals" bedeutet nicht nur, dass man heiser ist, sondern auch, dass eine(r) aufgrund starker Gefühle oder Aufregung nicht in der Lage ist zu sprechen.

Ich bin gestochen/ gebissen worden.	Valami megcsípett/megmart. [wollommi mägtschihpätt/mägmorrt]
Ich habe Durchfall/ Verstopfung.	Hasmenésem/Szorulásom van. [hoschmänehschäm/ssorulahschom wonn]
Wo tut es weh?	Hol fáj? [hol fahj]
Ich habe hier Schmerzen.	Itt fáj. [itt fahj]
Ich bin Diabetiker.	Cukorbeteg vagyok. [zukorbätäg woddjok]
Ich bin schwanger.	Terhes vagyok. [tärhäsch woddjok]
Es ist nichts Ernstes.	Semmi komoly. [schämmi komoj]
Können Sie mir bitte etwas gegen … geben/ verschreiben?	Tud nekem valamit …ellen adni/felírni? [tud näkäm wollommit … ällän oddni/ fälihrni]

Beim Zahnarzt	**A fogorvosnál** [o fogorwoschnahl]
Ich habe (starke) Zahnschmerzen.	(Nagyon) fáj a fogam. [(noddjon) fahj o fogomm]
Ich habe eine Füllung verloren.	Kiesett egy tömés. [kiäschätt ädj tömehsch]
Mir ist ein Zahn abgebrochen.	Letört egy fogam. [lätört ädj fogomm]
Geben Sie mir bitte eine Spritze.	Kérem adjon injekciót. [kehräm oddjon injäkzioht]
Geben Sie mir bitte keine Spritze.	Kérem ne adjon injekciót. [kehräm nä oddjon injäkzioht]

Im Krankenhaus	**A kórházban** [o kohrhahsbonn]
Wie lange muss ich hier bleiben?	Mennyi ideig kell itt maradnom? [männji idäig käll itt morroddnom]
Wann darf ich aufstehen?	Mikor kelhetek fel? [mikor kälhätäk fäl]

Abszess	tályog [tahjog]
Aids	aids [ehdss]
Allergie	allergia [ollärgio]
ansteckend	fertőző [färtöhsöh]

Arm	kar [korr]
Asthma	asztma [osstmo]
Atembeschwerden	légzési zavar [lehgsehschi sowworr]
atmen	lélegzik [lehlägsik]
Auge	szem [ssäm]
Ausschlag	kiütés [kiütehsch]
Bänderriss	szalagszakadás [ssolloggssockoddahsch]
Bauch	has [hosch]
Bein	láb [lahb]
bewusstlos	eszméletlen [ässmehlätlän]
Blähungen	felfúvódás [fälfuhwohdahsch]
Blase	hólyag [hohjogg]
Blinddarm	vakbél [wockbehl]
bluten	vérzik [wehrsik]
Blut	vérömleny [wehrömlänj]
~druck (hoch/niedrig)	vérnyomás (magas/alacsony) [wehrnjomahsch (moggosch/ollottschonj)]
~vergiftung	vérmérgezés [wehrmehrgäsehsch]
Bronchitis	hörghurut [hörghurut]
Bruch	törés [törehsch]
Brust	mell [mäll]
Bypass	bypass [beipahss]
Darm	bél [behl]
Diabetes	cukorbetegség [zukorbätägschehg]
Durchfall	hasmenés [hoschmänehsch]
Eiter	genny [gännj]
Entzündung	gyulladás [djulloddahsch]
erbrechen, sich	hány [hahnj]
erkälten, sich	megfázik [mägfahsik]
Facharzt	szakorvos [ssockorwosch]
Fehlgeburt	abortusz [obbortuss]
Fieber	láz [lahs]
Finger	ujj [ujj]
Fuß	lábfej [lahbfäj]
Gallenblase	epehólyag [äpähohjogg]
gebrochen	(el)törött [(äl)törött]
Gehirn	agy [oddj]
~erschütterung	agyrázkódás [oddjrahskohdahsch]
~schlag	agyvérzés [oddjwehrsehsch]
Gelbsucht	sárgaság [schahrgoschahg]
Gelenk	ízület [ihsülät]
Geschlechts|krankheit	nemi betegség [nämi bätägschehg]
~organe	nemi szervek [nämi ssärwäk]
geschwollen	(be)dagadt [(bä)doggott]
Geschwür	fekély [fäkehj]
Gesicht	arc [orrz]
Grippe	influenza [influänso]
Hals	torok [torok], nyak [njock]
~schmerzen	torokfájás [torokfahjahsch]

Hand	kéz [kehs]
Haut	bőr [böhr]
Herz	szív [ssihw]
~anfall	szívroham [ssihwrohomm]
~beschwerden	szívpanaszok [ssihwponnossok]
~fehler	szívhiba [ssihwhibo]
~infarkt	szívinfarktus [ssihwinforrktusch]
~schrittmacher	szívritmusszabályzó [ssihwritmuschssobbahjsoh]
Hexenschuss	hexensussz, lumbágó [häkssänschuss/lumbahgoh]
Hüfte	csípő [tschihpöh]
Husten	köhögés [köhögehsch]
Impfung	oltás [oltahsch]
Infektion	fertőzés [färtöhsehsch]
Ischias	isiász [ischiahss]
Kinderlähmung	gyermekbénulás [djärmäkbehnulahsch]
Knie	térd [tehrd]
Knöchel	boka [boko]
Knochen	csont [tschont]
~bruch	csonttörés [tschonttörehsch]
Kolik	kólika [kohliko]
Kopf	fej [fäj]
~schmerzen	fejfájás [fäjfahjahsch]
Krampf	görcs [görtsch]
krank	beteg [bätäg]
Kranken|haus	kórház [kohrhahs]
~schein	beteglap [bätäglopp]
~schwester	nővér [nöhwehr]
Krankheit	betegség [bätägschehg]
Krebs	rák [rahk]
Kreislaufstörung	vérkeringési zavar [wehrkäringehschi sowworr]
Kur	kúra [kuhro]
Lähmung	bénulás [behnulahsch]
Lebensmittelvergiftung	ételmérgezés [ehtälmehrgäsehsch]
Leber	máj [mahj]
Leistenbruch	lágyéksérv [lahdjehkschehrw]
Lippe	ajak [ojjock]
Loch *(im Zahn)*	lyuk [juk]
Lunge	tüdő [tüdöh]
Magen	gyomor [djomor]
~schmerzen	gyomorfájás [djomorfahjahsch]
Mandeln	mandula [monndulo]
Masern	kanyaró [konnjorroh]
Menstruation	menstruáció [mänschtruahzioh]
Migräne	migrén [migrehn]
Mittelohrentzündung	középfültő gyulladás [kösehpfültöh djulloddahsch]
Mumps	mumsz [mumss]

Mund	száj [ssahj]
Muskel	izom [isom]
Narbe	seb [schäb]
Narkose	narkózis [norrkohsisch]
Nase	orr [orr]
Nerv	ideg [idäg]
nervös	ideges [idägäsch]
Nierenlentzündung	vesegyulladás [wäschädjulloddahsch]
~stein	vesekő [wäschäköh]
Ohnmacht	ájulás [ahjulahsch]
Ohr	fül [fül]
Operation	operáció [opärahzioh]
Plombe	tömés [tömehsch]
Pocken	himlő [himlöh]
Praxis	rendelő [rändälöh]
Prellung	ütődés [ütöhdehsch]
Prothese	protézis [protehsisch]
Puls	pulzus [pulsusch]
Quetschung	zúzódás [suhsohdahsch]
Rheuma	reuma [räumo]
Rippe	borda [bordo]
röntgen	röntgen [röntgän]
Röteln	rubeola [rubäolo]
Rücken	hát [haht]
~schmerzen	hátfájás [hahtfahjahsch]
Salmonellen	szalmonella [ssollmonällo]
Schädel	koponya [koponjo]
Scharlach	skarlát [schkorrlaht]
Schienbein	sípcsont [schihptschont]
Schlaflosigkeit	álmatlanság [ahlmottlonnschahg]
Schlaganfall	gutaütés [gutoütehsch]
Schlüsselbein	kulcscsont [kultschtschont]
Schmerzen	fájdalom [fahjdollom], fájás [fahjahsch]
Schnittwunde	vágott seb [wahgott schäb]
Schnupfen	nátha [nahtho]
Schulter	váll [wahll]
Schüttelfrost	hidegrázás [hidägrahsahsch]
Schwangerschaft	terhesség [tärhäschschehg]
Schwellung	daganat [doggonnott]
Schwindel	szédülés [ssehdülehsch]
schwitzen	izzad [issodd]
Sonnenstich	napszúrás [noppssuhrahsch]
Speiseröhre	nyelőcső [njälöhtschöh]
Sprechstunde	rendelési idő [rändälehschi idöh]
Spritze	injekció [injäkzioh]
Stich	csípés/szúrás [tschihpehsch/ssuhrahsch]
Stirnhöhlenentzündung . .	homloküreggyulladás [homloküregdjulloddahsch]
Stuhlgang	széklet [ssehklät]
Tetanus	tetanusz [tätonnuss]

Trommelfell	dobhártya [dobhahrtjo]
Typhus	tífusz [tihfuss]
Übelkeit	hányinger [hahnjingär]
Ultraschalluntersuchung	ultrahangvizsgálat [ultrohhonngwischgahlott]
Unterleib	altest [olltäscht]
Untersuchung	vizsgálat [wischgahlott]
Urin	vizelet [wisälät]
Verband	kötés [kötehsch]
verbinden	beköt [bäköt]
Verbrennung	égés [ehgehsch]
Verdauung	emésztés [ämehsstehsch]
Verdauungsstörung	emésztési zavarok [ämehsstehschi sowworrok]
Vergiftung	mérgezés [mehrgäsehsch]
verletzen	megsérül [mägschehrül]
Verletzung	sérülés [schehrülehsch]
verschreiben	felír [fälihr]
verstaucht	kificamodott [kifizommodott]
Verstopfung	szorulás [ssorulahsch]
Virus	vírus [wihrusch]
Wartezimmer	váróhelyiség [wahrohhäjischehg]
weh tun	fáj [fahj]
Windpocken	bárányhimlő [bahrahnjhimlöh]
Wunde	seb [schäb]
Zahn	fog [fog]
Zehe	lábujj [lahbujj]
Zerrung	rándulás [rahndulahsch]
ziehen *(Zahn)*	kihúz [kihuhs]
Zunge	nyelv [njälw]

BANK/GELDWECHSEL — BANK/PÉNZVÁLTÁS [bonnk/pehnswahltahsch]

Wo ist hier bitte …	Hol van itt kérem … [hol wonn itt kehräm]
eine Bank?	egy bank? [ädj bonnk]
eine Wechselstube?	egy pénzváltóhely [adj pehnswahltohhäj]
Ich möchte … Euro (Schweizer Franken) in Forint wechseln.	Szeretnék … euro (svájci frankot) forintra átváltani. [ssärätnehk … äuro (schwahjzi fronnkot) forintro ahtwahltonni]
Ich möchte … einlösen.	Szeretném … beváltani. [ssärätnehm … bäwahltonni]
diesen Reisescheck	ezt az úticsekket [äst os uhtitschäckät]
diese Postanweisung	ezt a postautalványt [äst o poschtoutollwahnjt]

Ihre Scheckkarte, bitte.	Kérem a csekk-kártyáját. [kehräm o tschäckkahrtjahjaht]
Darf ich bitte Ihren Pass/ Ausweis sehen?	Láthatnám az útlevelét/igazolványát? [lahthottnahm os uhtläwäleht/ igossolwahnjaht]
Würden Sie bitte hier unterschreiben?	Aláírná itt, kérem? [ollaihrnah itt kehräm]

auszahlen	kifizet [kifisät]
Bank	bank [bonnk]
Betrag	összeg [össäg]
EC-Karte	debit-kártya [däbitkahrtjo]
Euro	euro [äuro]
Formular	űrlap [ührlopp]
Geheimzahl	titkos szám [titkosch ssahm]
Geld	pénz [pehns]
~automat	pénzautomata [pehnsoutomotto]
~schein	bankjegy [bonnkjädj]
~wechsel	pénzváltás [pehnswahltahsch]
Kasse	takarékpénztár [tockorrehkpehnstahr]
Kleingeld	aprópénz [opprohpehns]
Kreditkarte	hitelkártya [hitälkahrtjo]
Kurs	árfolyam [ahrfojomm]
Münze	érme [ehrmä]
Reisescheck	úticsekk [uhtitschäck]
Schalter	pult/ablak [pult/obblock]
Scheck	csekk [tschäck]
~karte	csekk-kártya [tschäckahrtjo]
Schweizer Franken	svájci frank [schwahjzi fronnk]
umtauschen	átvált [ahtwahlt]
Unterschrift	aláírás [ollaihrahsch]
Währung	valuta [wolluto]
Wechsellkurs	váltási árfolyam [wahltahschi ahrfojomm]
~stube	pénzváltóhely [pehnswahltohhäj]

FUNDBÜRO — TALÁLT TÁRGYAK OSZTÁLYA [tollahlt tahrdjock osstahjo]

Ich habe … verloren.	Elvesztettem a(z) …t. [älwässtättäm o(s) …t]
Ich habe meine Handtasche im Zug vergessen.	A kézitáskámat a vonatban felejtettem. [o kehsitahschkahmott o wonottbonn fäläjtättäm]
Benachrichtigen Sie mich bitte, wenn sie gefunden werden sollte.	Értesítsen kérem, ha leadták/megtalálták. [ehrtäschihtschän kehräm ho läottahk/ mägtollahltahk]
Hier ist meine Hotelanschrift/ Heimatadresse.	Itt a szállodám címe/az otthoni címem. [itt o ssahllodahm zihmä/os otthoni zihmäm]

NAHVERKEHR	HELYI(ÉRDEKŰ) FORGALOM [häji(ehrdäküh) forgollom]
Bitte, wo ist die nächste …	Hol van a legközelebbi … kérem. [hol wonn o lägkösäläbbi kehräm]
Bushaltestelle?	buszmegálló? [bussmägahlloh]
Straßenbahnhaltestelle?	villamosmegálló? [willommoschmägahlloh]
U-Bahnstation?	metróállomás/földalatti megálló? [mätroahllomahsch/földollotti mägahlloh]
Welche Linie fährt nach …?	Melyik vonal/járat megy … felé? [mäjik wonoll/jahrott mädj … fäleh]
Wann fährt der Bus ab?	Mikor indul a busz? [mikor indul o buss]
Wo fährt der Bus ab?	Honnan indul a busz? [honnonn indul o buss]
Wo muss ich aussteigen/umsteigen?	Hol kell kiszállnom/átszállnom? [hol käll kissahllnom/atssahllnom]
Wo kann ich den Fahrschein kaufen?	Hol vehetek menetjegyet? [hol wähätäk mänätjädjät]
Bitte, einen Fahrschein nach …	Kérek egy jegyet … ba/be. [kehräk ädj jädjät … bo/bä]

Abfahrt	indulás [indulahsch]
aussteigen	kiszáll [kissahll]
Bus	busz [buss]
einsteigen	beszáll [bässahll]
Endstation	végállomás [wehgahllomahsch]
Fahrler	vezető [wäsätöh]
~kartenautomat	jegyautomata [jädjoutomotto]
~preis	viteldíj [witäldihj]
~schein	(menet)jegy [(mänät)jädj]
Haltestelle	megálló [mägahlloh]
Kontrolleur	ellenőr [ällänöhr]
lösen *(Fahrschein)*	jegyet vált [jädjät wahlt]
Schaffner	kalauz [kollous]
Straße	utca [uzzo]
Straßenbahn	villamos [willommosch]
U-Bahn	földalatti/metró [földollotti/mätroh]

POLIZEI	RENDŐRSÉG [rändöhrschehg]
Wo ist bitte das nächste Polizeirevier?	Hol van a legközelebbi rendőrség? [hol wonn o lägkösäläbbi rändöhrschehg]
Ich möchte einen … anzeigen.	Szeretnék egy … bejelenteni. [ssärätnehk ädj … bäjäläntäni]
Diebstahl	lopást [lopahscht]
Unfall	balesetet [bolläschätät]

Mir ist … gestohlen worden.	Ellopták … [älloptahk]
die Handtasche	a retikülömet. [o rätikülömät]
die Brieftasche	a kézitáskámat. [o kehsitahschkahmott]
mein Fotoapparat	a fényképezőgépemet. [o fehnjkehpäsöhgehpämät]
mein Auto	az autómat [os outohmott]
mein Fahrrad	a kerékpáromat. [o kärehkpahromott]
Mein Auto ist aufgebrochen worden.	Feltörték az autómat. [fältörtehk os outohmott]
Aus meinem Auto ist … gestohlen worden.	Ellopták az autómból a(z) …t. [älloptahk os outohmbohl o(s) …t]
Mein Sohn/Meine Tochter ist verschwunden.	A fiam/a lányom … óta eltűnt. [o fiomm/o lahnjom …ohto ältühnt]
Können Sie mir bitte helfen?	Tudna nekem segíteni, kérem? [tudno näkäm schägihtäni kehräm]
Ihren Namen und Ihre Anschrift, bitte.	Kérem a nevét és a címét. [kehräm o näweht ehsch o zihmeht]
Wenden Sie sich bitte an das deutsche/ österreichische/ Schweizer Konsulat.	Forduljon kérem a német/az osztrák/ a svájci konzulátushoz. [fordujjon kehräm o nehmät/os osstrahk/o schwahjzi konsulahtuschhos]

anzeigen	bejelent/feljelent [bäjälänt/fäljälänt]
aufbrechen	feltör [fältör]
Autoǀradio	autórádió [outohrahdioh]
~schlüssel	autókulcs [outohkultsch]
belästigen	molesztál [molässtahl]
beschlagnahmen	elkoboz [älkobos]
Brieftasche	levéltárca [läwehltahrzo]
Dieb	tolvaj [tolwojj]
~stahl	lopás [lopahsch]
Gefängnis	börtön [börtön]
Geld	pénz [pehns]
Geldbörse	pénztárca [pehnstahrzo]
Gericht	bíróság [bihrohschahg]
Papiere	papírok [poppihrok]
Personalausweis	személyi igazolvány [ssämehji igosolwahnj]
Polizei	rendőrség [rändöhrschehg]
Polizist/in	rendőr [rändöhr]
Rauschgift	kábítószer [kahbihtohssär]
Rechtsanwalt	ügyvéd [üdjwehd]
Reisepass	útlevél [uhtläwehl]
Richter	bíró [bihroh]
Scheck	csekk [tschäck]
~karte	csekk-kártya [tschäckahrtjo]
Taschendieb	zsebtolvaj [schäbtolwojj]

Überfall	rablás/(meg)támadás [robblahsch/(meg)tahmoddahsch]
Verbrechen	bűntett [bühntätt]
Vergewaltigung	nemi erőszak [nämi äröhssock]
verhaften	letartóztat [lätorrtohstott]
verlieren	elveszt [älwässt]
zusammenschlagen	összever [össäwär]

POST	**POSTA** [poschto]
Wo ist ...	Hol ... [hol ...]
... das nächste Postamt?	... a legközelebbi postahivatal? [... o lägkösäläbbi poschtohhiwottoll]
... der nächste Briefkasten?	... a legközelebbi postaláda? [... o lägkösäläbbi poschtollahdo]
Was kostet ...	Mibe kerül ... [mibä kärül ...]
... ein Brief ...	... egy levél ... [... ädj läwehl ...]
... eine Postkarte ...	... egy levelezőlap ... [... ädj läwäläsöhlopp]
... nach Deutschland?	... Németországba? [nehmätorssahgbo]
... nach Österreich?	... Ausztriába? [ousstriahbo]
... in die Schweiz?	... Svájcba? [schwahjzbo]
Diesen Brief per ...	Ezt a levelet ... [äst o läwälät]
... Luftpost.	... légipostával [... lehgiposchtahwoll]
... Express.	... expressz [... äksspräss]
Wie lange braucht ein Brief nach Deutschland?	Mikor ér a levél Németországba? [mikor ehr o läwehl nehmätorssahgbo]

Absender	feladó [feloddoh]
Adresse	cím [zihm]
aufgeben	felad [fälodd]
ausfüllen	kitölt [kitölt]
Bestimmungsort	rendeltetési hely [rändältätehschi häj]
Brief	levél [läwehl]
~kasten	postaláda [poschtollahdo]
~marke	bélyeg [behjäg]
~umschlag	boríték [borihtehk]
Eilbrief	expresszlevél [äkssprässläwehl]
Empfänger	címzett [zihmsätt]
Formular	űrlap [ührlopp]
frankieren	bérmentesít [behrmäntäschiht]
Gebühr	díj [dihj]
Gewicht	súly [schuhj]
Hauptpost(amt)	főposta(hivatal) [föhposchto(hiwottoll)]
Leerung	ürítés [ürihtehsch]
Luftpost, mit	légiposta/légipostával [lehgiposchto/lehgiposchtahwoll]
Paket	csomag [tschomogg]

Porto	portó [portoh]
Postlamt	posta(hivatal) [poschto(hiwottoll)]
~karte	levelezőlap [läwäläsöhlopp]
~leitzahl	irányítószám [irahnjihtohssahm]
Schalter	pult/ablak [pult/obblock]
Vordruck	nyomtatvány [njomtottwahnj]

TAXI — TAXI [tockssi]

Wo ist der nächste Taxistand?	Hol van a legközelebbi taxiállomás? [hol wonn o lägkösäläbbi tockssiahllomahsch]
Zum Bahnhof.	A pályaudvarhoz. [o pahjoudworrhos]
Zum … Hotel.	A … hotelhez. [o … hotälhäs]
In die …-Straße.	A(z) … utcába. [o(s) … uzzahbo]
Nach …, bitte.	… ba/be, kérem. [… bo/bä kehräm]
Wie viel kostet es nach …?	Mennyit fizetek a(z) …ig? [männjit fisätäk o(s) …ig]
Das ist für Sie.	Ez az öné. [äs os öneh]

Fahrpreis	viteldíj [witäldihj]
Taxilfahrer	taxisofőr [tockssischoföhr]
~stand	taxiállomás [tockssiahllomahsch]
Trinkgeld	borravaló [borrowwolloh]

TELEFONIEREN — TELEFONÁLÁS [täläfonahlahsch]

So wird's gemacht

Auslandsgespräche: Wählen Sie 00, dann nach dem Summton 49 für Deutschland, 43 für Österreich und 41 für die Schweiz. Die Auslandsauskunft hat die Rufnummer 199.

Inlandsgespräche:Telefoniert man in eine andere Region, wählt man im Inland 06 vor der Vorwahl. Für Budapest wählen Sie die 1, die übrigen Vorwahlnummern bestehen aus zwei Ziffern. Die Budapester Telefonnummern bestehen aus 7, die restlichen aus 6 Ziffern. Die Inlandsauskunft hat die Rufnummer 198.

Können Sie mir bitte eine Telefonkarte geben?	Tud nekem egy telefonkártyát adni, kérem? [tud näkäm ädj täläfonkahrtjaht oddni kehräm]
Bitte ein Ferngespräch nach …	Kérek egy telefonbeszélgetést … ba/be. [kehräk ädj täläfonbässehlgätehscht …bo/bä]

Ich möchte ein Gespräch anmelden.	Szeretnék egy beszélgetést bejelenteni. [ssärätnehk ädj bässehlgätehscht bäjäläntäni]
Gehen Sie in Kabine Nr. …	Menjen a … számú fülkébe. [männjän o …ssahmuh fülkehbä]
Hier spricht …	Itt … beszél. [itt …bässehl]
Hallo, mit wem spreche ich?	Halló, kivel beszélek? [holloh kiwäl bässehläk]
Kann ich bitte Herrn/ Frau/Fräulein … sprechen?	Beszélhetek kérem … úrral/… névval/ … kisasszonnyal? [bässehlhätäk kehräm …uhrroll/…nehwoll/…kischossonnjol]
Tut mir Leid, er/sie ist nicht da/zu Hause.	Sajnos nincs itt/itthon. [schojjnosch nintsch itt/itthon]

Halló!

Am Telefon melden sich die Ungarn meist nur mit "Halló?" [holloh] oder "Tessék?"[täschschehk] „Bitte?". Es ist aber auch üblich, den Nachnamen mit dem Wort Wohnung "lakás" [lockahsch] dazuzusagen, z.B. „Halló, Kovács lakás" – auch wenn die Familie ein Haus bewohnt.

Wann wird er/sie zurück sein?	Mikor jön vissza? [mikor jön wisso]

Anruf	telefonhívás [täläfonhihwahsch]
Anrufbeantworter	üzenetrögzítő [üsänätrögsihtöh]
anrufen	felhív [fälhihw]
Auskunft	tudakozó [tudockosoh]
Auslandsgespräch	külföldi beszélgetés [külföldi bässehlgätehsch]
besetzt	foglalt [foglollt]
Ferngespräch	telefonbeszélgetés [täläfonbässehlgätehss]
Gebühr	díj [dihj]
Handy	mobiltelefon [mobiltäläfon]
Hörer	telefonkagyló [täläfonkoddjloh]
Münzfernsprecher	érmés telefon [ehrmehsch täläfon]
Ortsgespräch	helyi beszélgetés [häji bässehlgätehsch]
Telefon	telefon [täläfon]
~buch	telefonkönyv [täläfonkönjw]
~karte	telefonkártya [täläfonkahrtjo]
~nummer	telefonszám [täläfonssahm]
~zelle	telefonfülke [täläfonfülkä]
Verbindung	kapcsolás [kopptscholahsch]
Vermittlung	közvetítés [köswätihtehsch]
Vorwahlnummer	körzet (hívó) szám [körsät (hihwoh) ssahm]

ZOLL/ PASSKONTROLLE	**VÁM/ÚTLEVÉLELLENŐRZÉS** [wahm/uhtläwehlällänöhrsehsch]
Ihren Pass, bitte!	**Kérem az útlevelét!** [kehräm os uhtläwäleht]
Haben Sie ein Visum?	Van vízumja? [wonn wihsumjo]
Ihr Pass ist abgelaufen.	Az Ön útlevele lejárt. [os ön uhtläwälä läjahrt]
Kann ich das Visum hier bekommen?	Kaphatok itt vízumot? [kopphottok itt wihsumot]
Haben Sie etwas zu verzollen?	**Van valami elvámolnivalója?** [wonn wollommi älwahmolniwollohjo]
Nein, ich habe nur ein paar Geschenke.	Nem, csak néhány ajándék van nálam. [näm tschock nehhahnj ojjahndehk wonn nahlomm]
Öffnen Sie bitte den Kofferraum/diesen Koffer.	Nyissa ki kérem a csomagtartót/ezt a bőröndöt. [njischscho ki kehräm o tschomoggtorrtoht/äst o böhröndöt]
Muss ich das verzollen?	El kell vámoltatnom? [äl käll wahmoltottnom]

Ausfuhr	kivitel [kiwitäl], export [ākssport]
Ausreise	kiutazás [kiutosahsch]
Einfuhr	behozatal [bähosottoll], import [import]
Einreise	beutazás [bäutosahsch]
Familien|name	vezetéknév [wäsätehknehw]
~stand	családi állapot [tschollahdi ahlloppot]
ledig	*Mann:* nőtlen [nöhtlän] ; *Frau:* hajadon [hojjoddon]
verheiratet	*Mann:* nős [nöhsch] ; *Frau:* férjezett [fehrjäsätt] ; *beide:* házas [hahsosch]
verwitwet	özvegy [öswädj]
Führerschein	jogosítvány [jogoschihtwahnj]
Geburts|datum	születési idő [ssülätehschi idöh]
~name	leánykori név [läahnjkori nehw]
~ort	születési hely [ssülätehschi häj]
gültig	érvényes [ehrwehnjäsch]
Nationalitätskennzeichen	az ország betűjele [os orssahg bätühjälä]
Personalausweis	személyi igazolvány [ssämehji igosolwahnj]
Reisepass	útlevél [uhtläwehl]
Staatsangehörigkeit	állampolgárság [ahllommpolgahrschahg]
Visum	vízum [wihsum]
Vorname	keresztnév/utónév [kärässtnehw/utohnehw]
Wohnort	lakóhely [lockohhäj]
Zoll	vám [wahm]
~frei	vámmentes [wahmmäntäsch]
~pflichtig	vámköteles [wahmkötäläsch]

Bloß nicht!

Diese Ausdrücke sollten Sie kennen, damit Sie wissen, wie Ihr Gesprächspartner Sie eventuell betitelt. Vorsicht: Für die Folgen eines unsachgemäßen Gebrauchs kann der Verlag nicht haftbar gemacht werden!

hülye [hüjä]	blöd
seggfej [schäggfäj]	Arschloch, Scheißkerl
szar [ssorr]	Scheiße, beschissen
szarházi alak [ssorrhahsi ollock]	Scheißkerl
buta liba [buto libo]	dumme Gans
A fene egye meg! [o fänä ädjä mäg]	Verdammt!
Nyald ki a seggem! [njolld ki o schäggäm]	Leck mich am Arsch!
Üres duma! [üräsch dumo]	Leeres Geschwätz!
Ne beszélj hülyeséget! [nä bässehjj hüjäschehgät]	Red doch keinen Blödsinn!
Menj a fenébe! [männj o fänehbä]	Geh zum Teufel!
Szarban van. [ssorrbonn wonn]	Er/Sie sitzt in der Scheiße.
Fogd be a pofád! [fogd bä o pofahd]	Halt die Schnauze!
A kurva életbe! [o kurwo ehlätbä]	So ein Hurenleben!
A kurva anyád! [o kurwo onnjahd]	Deine Hurenmutter!
kibaszott [kibossott]	verflixt
(Az isten) bassza meg! [(os ischtän) bosso mäg]	(*sehr derb, unübersetzbar!, wortwörtlich:* (Gott) soll's ficken)

Die 1333 wichtigsten Wörter

Die hinter der ungarischen Aussprache aufgeführten Zahlen verweisen auf die entsprechenden Seiten der themenbezogenen Kapitel. Hinweis: Steht vor den Suffixen, die im Deutschen einer Präposition entsprechen, ein Bindestrich (Beispiel: für -nak/-nek), heißt dies, dass an dieser Stelle das entsprechende Substantiv eingefügt werden muss.

A

abbestellen *(Zimmer)* lemond [lämond]
Abend este [äschtä]
aber de [dä]
Abfahrt indulás [indulahsch] ➢ 31, 101
Abflug indulás [indulahsch] ➢ 29
ablaufen lejár [läjahr]
ablehnen elutasít [älutoschihf]
Abreise elutazás [älutossahsch] ➢ 69
abreisen (nach) elutazik (-ba/-be) [älutossik (-bo/-bä)]
Abschied nehmen búcsúzik [buhtschuhsik] ➢ 12
abschleppen elvontat [älwontott] ➢ 27
Absender feladó [feloddoh] ➢ 104
abwärts lefelé [läfäleh]
Achtung figyelem [fidjäläm]
Adresse cím [zihm] ➢ 104
alle mindenki [mindänki], mindenkit *(Akk.)* [mindänkit]
allein egyedül [ädjädül]
alles minden [mindän], mindent *(Akk.)* [mindänt]
als *(zeitlich)* (a)mikor [(om)mikor]
also tehát [tähaht]
alt *(Mensch)* öreg [öräg] ; *(Gegenstand)* régi [rehgi]
Alter kor [kor] ➢ 8
Amt *(Dienststelle)* hivatal [hiwottoll]
anbieten *(Essen, Trinken)* megkínál [mäckihnahl]
andere, der, die másik [mahschik]
ändern változtat [wahltosstott]
anders más *(adj.)* [mahsch]
Anfang kezdet [käsdät]
Angst félelem [fehläläm]
anhalten megáll [mägahll], megállít [mägahllihf]
ankommen érkezik [ehrkäsik] ➢ 32
Ankunft érkezés [ehrkäsehsch] ➢ 30
Anmeldung bejelentkezés [bäjäläntkäsehsch]
Anreisetag érkezési nap [ehrkäsehschi nopp]
Anruf telefonhívás [täläfonhihwahsch] ➢ 106
anrufen felhív [fälhihw]
Anschluss csatlakozás [tschottlockosahsch] ➢ 30, 32
Anschrift cím [zihm]
anstatt helyett [häjätt]
anstrengend megerőltető [mägäröhltätöh]
antworten válaszol [wahlossol]
Apotheke gyógyszertár [djohzsärtahr] ➢ 53f., 65
Appetit étvágy [ehdwahdj]
arbeiten dolgozik [dolgosik]
ärgern bosszant [bossonnt] ; **s. ~ (über)** bosszankodik . . . (miatt) [bossonnkodik (miott)]
arm szegény [ssägehnj]
Art, nach ~ *(Gastr.)* módra [mohdro]
Arzt orvost [orwoscht] ➢ 94ff.
auch is [isch]
aufbrechen feltör [fältör] ➢ 102
Aufenthalt tartózkodás [torrtohsskodahsch] ➢ 32
aufgeben *(Gepäck, Brief)* felad [fälodd] ➢ 104
aufhören abbahagy [obbahoddj]
aufpassen (auf) vigyáz (-ra/-re) [widjahs (-ro/-rä)]
aufstehen felkel [fälkäl]
Augenblick pillanat [pillonnott]
Ausfahrt kijárat [kijahrott]
Ausflug kirándulás [kirahndulahsch] ➢ 78
ausfüllen kitölt [kitölt] ➢ 104
Ausgang kijárat [kijahrott]
Auskunft információ [informahzioh], felvilágosítás [fälwilahgoschihtahsch] ➢ 14, 22, 29f., 31f., 101
Ausländer/in külföldi(ember)/nő [külföldi(ember)/nöh]
außen kint [kint]
außer kívül [kihwül]
außerdem ezenkívül [äsänkihwül]
Aussicht kilátás [kilahtahsch]
aussprechen kiejt [kiäjt]
aussteigen kiszáll [kissahll] ➢ 32
Ausweis *(Personal~)* igazolvány [igossolwahnj] ➢ 103
Auto autó [outoh] ➢ 22ff.
Autopapiere paoírok [poppierok] ➢ 28, 103

B

Baby bébi [behbi], kisbaba [kischbobbo] ➢ 87ff.
Bahnhof pályaudvar [pahjoudworr] ➢ 31f.
bald hamarosan [hommorroschonn] ➢ 17

Bank bank [bonnk] ➢ 99f.
Bar bár [bahr] ➢ 80
Bauer paraszt [porrosst]
Bauernhof parasztudvar [porrosstudworr]
Baum fa [fo]
beachten figyelembe vesz [fidjälämbä wäss]
Beanstandung panasz [ponnoss] ➢ 37, 69
beantworten válaszol [wahlossol]
bedeuten jelent [jälänt]
Bedienung *(Person)* felszolgáló [fälssolgahloh] ; *(Anrede)* Főúr! *(männlich)/* Kisasszony! *(weiblich)* [föhuhr/kischossonj] ; **Selbst~** önkiszolgálás [önkissolgahlahsch]
beenden befejez [bäfäjäs]
befinden, s. található [tollahlhottoh]
befreundet sein barátságban van [borrahtschschahgbonn wonn]
befürchten fél [fehl]
begegnen találkozik [tollahlkosik]
beginnen kezdődik [käsdöhdik]
begleiten (el)kísér [(äl)kihschehr]
begrüßen üdvözöl [üdwösöl] ➢ 7f.
behalten megtart [mägtorrt]
Behörde hatóság [hottohschahg]
beide mindkettő [mindkättöh], mindkét [mindkeht]
Beileid részvét [rehsweht]
Beispiel példa [pehldo]
beißen harap [horropp]
beklagen, s. panaszkodik (-ra/-re) [ponnosskodik (-ro/-rä)]
belästigen molesztál [molässtahl] ➢ 103
beleidigen megsért [mägschehrt]
benachrichtigen értesít [ehrtäschiht]
benötigen szüksége van (-ra/-re) [ssükschehgä wonn (-ro/-rä)]
benutzen használ [hossnahl]
Benzin benzin [bänsin] ➢ 23, 27
Berg hegy [hädj]
Beruf foglalkozás [foglollkosahsch]
beruhigen megnyugtat [mägnjugtott] ; **s. ~** megnyugszik [mägnjukssik]
beschädigen megsért [mägschehrt], megrongál [mägrongahl]
bescheinigen igazol [igosol]
beschlagnahmen elkoboz [älkobos]
beschließen elhatároz [älhottahros]
beschweren, s. panaszkodik [ponnosskodik], panaszt tesz (miatt) [ponnosst täss (miott)]
besetzt *(Platz)* foglalt [foglollt]
besichtigen megnéz [mägnehs], megtekint [mäktäkint]
Besichtigung látogatás [lahtogottahsch], megtekintés [mägtäkintehsch] ➢ 77ff.
besitzen van [wonn]
Besitzer tulajdonos [tulojjdonosch]
besorgen (be)szerez [(bä)ssäräs]
bestätigen igazol [igosol]
Besteck evőeszköz [äwöhässkös] ➢ 38
Bestellung rendelés [rändälehsch] ➢ 36f.
bestimmt *(adj.)* meghatározott [mäghottahrosott], bizonyos [bisonjosch]
besuchen meglátogat (-t) [mäglahtogott (-t)]
Betrag összeg [össäg] ➢ 100
betreten belép [bälehp]
betrinken, s. ~ berúg [bäruhg]
betrügen becsap [bätschopp]
betrunken részeg [rehssäg]
Bett ágy [ahdj] ➢ 68, 70, 75
Bewohner lakó [lockoh]
bewusstlos eszméletlen [ässmehlätlän] ➢ 96
bezahlen (ki)fizet [(ki)fisät]
Biene méh [mehh]
Bild kép [kehp]
billig olcsó [oltschoh]
bisschen kis, kicsi, *(Akk.)* kicsit [kisch, kitschi, kitschit] ; **ein ~** egy kis, *(Akk.)* egy kicsit [ädj kisch, ädj kitschit]
bitte kérem *(Siezform)* [kehräm] ; *(Duzform)* kérlek [kehrläk] ➢ 6, 8
Bitte kérés [kehrehsch] ➢ 8
bitten um etw kér (-ra/-re) [kehr (-ro/-rä)]
blau kék [kehk]
bleiben marad [morrodd]
Blitz villám [willahm] ➢ 20
Blume virág [wirahg]
Blut vér [wehr] ➢ 96
Boden padló [poddloh]
Boot csónak [tschohnock] ➢ 84
böse mérges [mehrgäsch]
Bosnien und Herzegowina Bosznia és Hercegovina [bossnio ehsch härzägowino]
Botschaft *(dipl. Vertretung)* követség [köwätschehg]
Brand égés [ehgehsch]
brauchen szüksége van [ssükschehgä wonn], kell [käll]
brechen (el)tör [(äl)tör]
breit széles [ssehläsch]
Bremse fék [fehk] ➢ 24
brennen ég [ehg]
Brief levél [läwehl] ➢ 103f.
Brieftasche levéltárca [läwehltahrzo] ➢ 102f.
Brille szemüveg [ssämüwäg] ➢ 62
bringen hoz [hos] ; **her~** idehoz [idähos]
Bruder *(älter)* báty [bahtj], *(jünger)* öcs [ötschsch]
Buch könyv [könjw]
buchstabieren betűz [bätühs]
Bucht öböl [öböl]
Buchung foglalás [foglollahsch] ➢ 29f., 68
Büro iroda [irodo]

C

Café (esz)presszó [(äss)prässoh]
Camping kemping [kämping] ➢ 72f.
Chef főnök [föhnök]
Cousin/e unokatestvér [unokottäschtwehr]

D

da *(dort)* ott [ott]
dafür sein mellette van [mällättä wonn]
dagegen sein ellene van [ällänä wonn]
daheim otthon [otthon]
daher *(Grund)* azért [ossehr], ezért [äsehrt]
damals akkoriban [ockoribonn]
Dame hölgy [höldj]
danach utána [utahno], azután [osutahn]
danken (jdm) megköszön (-nak/ -nek) [mäg-kössön (-nock/-näk)] ➢ 8
dann akkor [ockor]
dasselbe ugyanaz [udjonnos]

Datum dátum [dahtum] ➢ 18
Dauer időtartam [idöhtorrtomm]
dauern tart [torrt]
Decke *(Bett~)* takaró [tockorroh]
defekt elromlott [älromlott], hibás [hibahsch] ➢ 27
dein tied [tiäd], a te ... d [o tä ... d]
denken (an) gondol (-ra/-re) [gondol (-ro/-rä)]
denn mert [märt]
deshalb ezért [äsehrt]
Deutsche, der, die német (ember)/nő [nehmät (ämbär)/nöh]
Deutschland Németország [nehmätorssahg]
dich téged [tehgäd]
dick vastag [woschtogg], kövér [köwehr]
Diebstahl lopás [lopahsch] ➢ 103
dieser, diese, dieses ez a(z) [äs o(s)]
Ding dolog [dolog]
dir neked [näkäd]
Direktor igazgató [igosgottoh]
Diskothek diszkó [disskoh] ➢ 80f.
doch hiszen [hissän], mégis [mehgisch] ; *(als Antwort)* de igen [dä igän]
Doktor doktor [doktor]
Donau Duna [duno]
doppelt páros [pahrosch]
Dorf falu [follu]
draußen kint [kint], kívül [kihwül]
drinnen bent [bänt], belül [bälül]
dringend sürgős *(adj.)* [schürgöhsch], sürgősen *(adv.)* [schürgöhschän]
Drogerie drogéria [drogehrio] ➢ 55, 65
du te [tä]
dumm buta [buto], hülye [hüjä]
dunkel sötét [schöteht]
dünn vékony [wehkonj]
durch *(quer ~)* át [aht], keresztül [kärässtül]
Durchfahrt áthaladás [ahthollоddahsch]
Durchreise átutazás [ahtutossahsch]
durchschnittlich átlagosan *(adj.)* [ahtloggoschonn]
dürfen szabad [ssobbodd]
Durst haben szomjas [ssomjosch]

E

eben *(flach)* sík [schihk], sima [schihmo], lapos [lopposch]
Ebene síkság [schihkschahg]
echt valódi [wollohdi]
Ecke sarok [schorrok]
Ehe házasság [hahsoschschahg]
Ehefrau feleség [fäläschehg]
Ehemann férj [fehrj]
Ehepaar házaspár [hahsoschpahr]
Ei tojás [tojahsch]
Eigenschaft tulajdonság [tulojjdonschahg]
Eigentümer tulajdonos [tulojjdonosch]
eilig sürgős [schürgöhsch]
ein(e), eins egy [ädj]
Einfuhr behozatal, import [bähosottoll, import] ➢ 107
Eingang bejárat [bäjahrott]
einige néhány [nehhahnj]
einigen megegyezik [mägädjäsik]
einkaufen bevásárol [bäwahschahrol] ➢ 51ff.
einladen meghív [mäghihw]
einmal egyszer [ädjsär]
einreisen beutazik [bäutosik]
eins egy [ädj]
einsam magányos [moggahnjosch]
eintreten belép [bälehp]
Eintrittskarte belépőjegy [bälehpöhjädj] ➢ 82, 85
Einwohner *(Stadt)* lakos [lockosch]
Eisenbahn vasút [woschuht] ➢ 31ff.
Elektrohandlung villamos cikkek boltja [willommosch zickäk boltjo] ➢ 55f., 66
Eltern szülők [ssülöhk]
Empfang *(Hotel)* recepció [räzäpzioh], porta [porto]
Empfänger címzett [zihmsätt] ➢ 104
empfehlen ajánl [ojjahnl]
enden végződik [wehgsöhdik], befejez(ődik) [bäfäjäs(öhdik)]
endgültig végleges *(adj.)* [wehglägäsch], véglegesen *(adv.)* [wehglägäschän]
endlich végre [wehgrä]
englisch angol *(adj.)* [onngol], angolul *(adv.)* [onngolul]
Enkel/in unoka [unoko]
entdecken felfedez [fälfädäs]
entfernt távoli [tahwoli]
entgegengesetzt ellenkező [ällänkäsöh], ellentétes [älläntehtäsch]
entlang mellett [mällätt], mentén *(adv.)* [mäntehn] ; ~ **gehen** végigmegy [wehgigmädj]
entscheiden (el)dönt [(äl)dönt]
entschließen, s. elhatároz(za magát) [älhottahros(o moggaht)]
Entschluss elhatározás [älhottahrosahsch]
entschuldigen megbocsát [mägbotschaht]
Entschuldigung Bocsánat! [botschahnott] ➢ 9
enttäuscht csalódott [tschollohdott]
entweder . . . oder vagy . . . vagy [woddj . . . woddj]
entwickeln *(Film)* előhív [älöhhihw]
er ő [öh]
Erde föld [föld]
Erdgeschoss földszint [földssint]
ereignen, s. történik [törtehnik]
Ereignis esemény [äschämehnj]
erfahren tapasztalt [topposstollt]
erfreut (über) örül (-nak/-nek) [örül (-nock/-näk)]
Ergebnis eredmény [ärädmehnj]
erhalten megkap [mäckopp]
erhältlich kapható [kopphottoh]
erholen kipihen [kipihän] ; **s.** ~ kipiheni magát [kipihäni moggaht]
erinnern, an etw emlékeztet (-ra/-re) [ämlehkässtät (-ro/-rä)]
erkennen felismer [fälischmär]
erklären megmagyaráz [mägmoddjorrahs]
erkundigen, s. érdeklődik [ehrdäklöhdik]
erlauben megenged [mägängäd]
Erlaubnis engedély [ängädehj]
erledigen elintéz [älintehs]
Ermäßigung kedvezmény [kädwäsmehnj] ➢ 31f.
ernst komoly [komoj]
erreichen elér [älehr]

Ersatz *(Schaden~)* kártérítés [kahrtehrihtehsch]
erschöpft kimerült [kimärült]
erschrecken megijeszt [mägijässt]
ersetzen *(Ersatzteile)* kicserél [kitschärehl], pótol [pohtol] ; *(Geld)* megtérít [mäktehriht]
erst *(zuerst)* először [älöhssör]
Erwachsene(r) felnőtt [fälnöhtt]
erzählen (el)mesél [(äl)mäschehl]
Erziehung nevelés [näwälehsch]
es gibt van [wonn]
essbar ehető [ähätöh]
Essen *(Mahlzeit)* étkezés [ehtkäsehsch], evés [äwehsch] ; *(Essbares)* étel [ehtäl] ➢ 35ff., 58ff.
essen eszik [ässik]
etwa körülbelül [körülbälül]
etwas valami [wollommi], valamit *(Akk.)* [wollommit]
euch titeket *(Akk.)* [titäkät], nektek *(Dat.)* [näktäk]
euer tied [tiäd]
Europa Európa [äurohpo]
Europäer/in európai (ember)/nő [äurohpoi (ämbär)/nöh]

F

Fabrik gyár [djahr]
fahren vezet [wäsät]
Fahrkarte (menet)jegy [(mänät)jädj] ➢ 32, 101
Fahrplan menetrend [mänätränd] ➢ 32
Fahrrad kerékpár/bicikli [kärehkpahr/bizikli] ➢ 22ff.
Fahrstuhl felvonó [fälwonoh], lift [lift]
Fahrt utazás [utosahsch], út [uht]
fallen esik [äschik]
falsch rossz [ross], helytelen [häjtälän]
Familie család [tschollahd]
Familienname vezetéknév [wäsätehknehw] ➢ 107
Farbe szín [ssihn]
faul lusta [luschto]
fehlen hiányzik [hiahnjsik]
Fehler *(den man macht)* hiba [hibo]
Feiertag ünnepnap [ünnäpnopp] ➢ 19
Feld mező [mäsöh]
Fels szikla [ssiklo]
Ferien szabadság [ssobboddschschahg], nyaralás [njorrollahsch]
Ferienhaus nyaraló [njorrolloh] ➢ 71f.
Ferngespräch telefonbeszélgetés [täläfonbässehlgätehsch] ➢ 105f.
fertig *(bereit)* kész [kehss]
Fest ünnep [ünnäp]
fett, fettig zsíros [schihrosch]
feucht nedves [nädwäsch]
Feuer tűz [tühs]
Feuerlöscher tűzoltókészülék [tühsoltohkehssülehk]
Feuermelder tűzjelző [tühsjälsöh]
Feuerwehr tűzoltóság [tühsoltohschahg]
Film film [film] ➢ 56, 82
finden talál [tollahl]
Firma cég [zehg]
Fisch hal [holl] ➢ 43, 45
Fischgeschäft halbolt [hollbolt]
Flasche üveg [üwäg]
Fleisch hús [huhsch] ➢ 45
Fliege légy [lehdj]
fliegen repül [räpül]
fließen folyik [fojik]
Flirt flört [flört] ➢ 10f.
Flug repülés/légiút [räpülehsch/lehgiuht] ➢ 29f.
Flughafen repülőtér [räpülöhtehr] ➢ 29ff.
Flugzeug repülőgép [räpülöhgehp] ➢ 29ff.
Fluss folyó [fojoh]
folgen követ [köwät]
fordern követel [köwätäl]
Formular űrlap [ührlopp] ➢ 100, 104
fort el [äl]
fortsetzen folytat [fojtott]
Foto fotó [fotoh], fénykép [fehnjkehp] ➢ 56, 66
fotografieren fényképez [fehnjkehpäs]
Frage kérdés [kehrdehsch]
fragen kérdez [kehrdäs]
frankieren bérmentesít [behrmäntäschiht] ➢ 104
französisch francia [fronnzio]
Frau nő, -né [nöh, -neh]
Fräulein kisasszony [kischossonj]
frei szabad [ssobbodd]
fremd *(ausländisch)* idegen [idägän]
Fremde, der, die idegen (ember)/nő [idägän (ämbär)/nöh]
Fremdenzimmer magánszoba [moggahnssobo]
Freude öröm [öröm]
freuen, s. ~ (über) örül (-nak/-nek) [örül (-nock/-näk)]
Freund/in barát/nő [borraht/nöh]
freundlich barátságos [borrahtschschahgosch]
Friede béke [behkä]
frieren fázik [fahsik]
frisch friss [frischsch]
Friseur fodrász [fodrahss] ➢ 56f.
froh *(zufrieden)* vidám [widahm], jókedvű [johkädwüh]
früh korán *(adv.)* [korahn]
Frühstück reggeli [räggäli] ➢ 38, 42, 44
fühlen érez [ehräs]
Führer *(für Fremde)* idegenvezető [idägänwäsätöh]
Führerschein (gépjárművezetői) jogosítvány [(gehpjahrmühwäsätöhi) jogoschihdwahnj] ➢ 107
Führung vezetés [wäsätehsch] ➢ 79
Fundbüro talált tárgyak osztálya [tollahlt tahrdjock osstahjo] ➢ 101
funktionieren működik [mühködik]
für -nak/-nek [-nock/-näk]
fürchten fél [fehl]
fürchterlich rettenetes [rättänätäsch], borzalmas [borsollmosch]

G

Gabel villa [willo]
Gang *(Auto)* menet [mänät], sebesség [schäbäschschehg]

ganz egész *(adj./adv.)* [ägehss] ; egészen *(adv.)* [ägehssän]
Garage garázs [gorrahsch]
Garantie garancia [gorronnzio]
Garten kert [kärt]
Gast vendég [wändehg]
Gastgeber/in házigazda/háziasszony [hahsigosdo/hahsiossonj]
Gasthaus/Gasthof vendéglő [wändehglöh]
Gebäude épület [ehpülät] ➢ 79
geben ad [odd]
Gebet ima [imo]
Gebirge hegység [hädjschschehg] ➢ 79
geboren született [ssülätätt]
Gebühr díj [dihj]
Geburt születés [ssülätehsch]
Geburtstag születésnap [ssülätehschnopp]
Geburtsdatum születési idő [ssülätehschi idöh]
Geburtsname leánykori név [läahnjkori nehw] ➢ 107
Geburtsort születési hely [ssülätehschi häj] ➢ 107
Gedanke gondolat [gondolott]
gefährlich veszélyes [wässehjäsch]
Gefallen szívesség [ssihwäschschehg]
Gefängnis börtön [börtön] ➢ 103
Gefühl érzés [ehrsehsch]
gegen ellen [ällän]
Gegend környék [körnjehk]
Gegenstand tárgy [tahrdj]
Gegenteil ellentét [ällänteht]
geheim titkos [titkosch]
gehen megy [mädj]
gehören tartozik [torrtosik]
Geistlicher lelkész/pap [lälkehss/popp]
gelb sárga [schahrgo]
Geld pénz [pehns] ➢ 100
Geldbörse pénztárca [pehnstahrzo]
Geldstück pénzdarab [pehnsdorrobb]
Geldwechsel pénzváltás [pehnswahltahsch] ➢ 99f.
Gelegenheit alkalom [ollkollom]
gemeinsam együtt *(adj.)* [ädjütt]
gemischt vegyes [wädjäsch]
genau pontos *(adj.)* [pontosch], pontosan *(adv.)* [pontoschonn]
genießen élvez [ehlwäs]
genug elég [älehg]
geöffnet nyitva [njitwo]
Gepäck csomag/poggyász [tschomogg/poddjahss] ➢ 30, 33
geradeaus egyenesen [ädjänäschän]
Gericht *(Essen)* fogás [fogahsch]; *(Justiz)* bíróság [bihrohschahg]
gern szívesen [ssihwäschän]
Geruch szag [ssogg]
Geschäft *(Laden)* üzlet [üslät] ➢ 52f., bolt [bolt]
geschehen történik [törtehnik]
Geschenk ajándék [ojjahndehk]
Geschichte történelem [törtehnäläm]
geschlossen zárva [sahrwo]
Geschmack ízlés [ihslehsch], íz [ihs]
Geschwindigkeit sebesség [schäbäschschehg]
Gesellschaft társaság [tahrschoschahg]
Gespräch beszélgetés [bässehlgätehsch]
gesund egészséges [ägehschschehgäsch]
Gesundheit egészség [ägehschschehg]
Getränk ital [itoll] ➢ 42, 48ff.
getrennt külön [külön]
Gewicht súly [schuhj]
gewinnen nyer [njär]
gewiss bizonyos *(adj.)* [bisonjosch], biztos *(adv.)* [bisstosch]
Gewitter zivatar [siwottorr] ➢ 20
gibt, es ~ van [wonn]
Gift méreg [mehräg]
Gipfel csúcs [tschuhtsch]
Gitarre gitár [gitahr]
Glas *(Scheibe)* üveg [üwäg]
Glaube hit [hit]
glauben hisz [hiss]
gleich *(identisch)* egyforma [ädjformo] ; *(sofort)* rögtön [rögtön], azonnal [osonnoll]
Glück szerencse [ssäräntschä]
glücklich szerencsés [ssäräntschehsch]
Glückwunsch jókívánság [johkihwahnschahg] ➢ 12
Gott isten [ischtän]
Gottesdienst istentisztelet [ischtäntisstälät] ➢ 79
Grab sír [schihr]
Grad fok [fok]
gratulieren gratulál [grottulahl] ➢ 12
grau szürke [ssürkä] ; *(Haare)* ősz [öhss]
Grenze határ [hottahr] ➢ 106f.
groß nagy [noddj]
Größe *(Ausdehnung)* nagyság [noddjschschahg] ; *(Konfektions~)* méret [mehrät]
Großmutter nagyanya [noddjonnjo]
Großvater nagyapa [noddjoppo]
grün zöld [söld]
Grund ok [ok]
Gruppe csoport [tschoport]
grüßen üdvözöl [üdwösöl]
gültig érvényes [ehrwehnjäsch] ➢ 107
gut jó *(adj.)* [joh], jól *(adv.)* [johl]

H

Haar haj [hojj] ➢ 56f.
haben van [wonn]
Hafen kikötő [kikötöh] ➢ 33
halb fél [fehl]
Hallo! Szia! [ssio]
Halt! állj! [ahllj]
halten tart [torrt]
Haltestelle megálló [mägahlloh] ➢ 101f.
hart kemény [kämehnj]
hässlich csúnya [tschuhnjo]
häufig gyakran *(adv.)* [djockronn], gyakori *(adj.)* [djockori]
Haus ház [hahs]
Hausbesitzer háztulajdonos [hahstulojjdonosch] ➢ 71
hausgemacht házi [hahsi] ➢ 38
heilig szent [ssänt]
Heimat haza [hoso]
heimlich titokban [titokbonn]
Heimreise hazautazás [hosoutosahsch]
heiraten házasodik [hahsoschodik]
heiß forró [forroh] ➢ 19f.
heißen hív [hihw] ; **was heißt …?** mit jelent …? [mit jälänt]

heiter derűs [därühsch]
Heizung fűtés [fühtehsch] ➢ 69f.
helfen (jdm) segít (-nak/-nek) [schägiht (-nock/-näk)]
hell világos [wilahgosch]
Herein! Tessék! [täschschehk], Szabad! [ssobbodd]
hereinkommen bejön [bäjön]
Herr úr [uhr]
heute ma [mo] ➢ 17
hier itt [itt]
Hilfe segítség [schägihtschschehg]
Himmel ég [ehg]
hinlegen lefektet [läfäktät], letesz [lätäss]
hinsetzen, s. ~ leül [läül]
hinter mögött [mögött]
Hobby hobbi [hobbi]
hoch magas [moggosch]
Hochzeit *(Feier)* esküvő [äschküwöh]
hoffen remél [rämehl]
höflich udvarias [udworriosch]
Höhe magasság [moggoschschahg]
Höhepunkt tetőpont [tätöhpont]
Holz fa [fo]
Honorar honorárium [honorahrium]
hören hall [holl]
Hotel szálloda [ssahllodo] ➢ 67ff.
hübsch csinos [tschinosch]
Hügel domb [domb]
Hund kutya [kutjo]
Hunger éhség [ehschehg]
hungrig éhes [ehhäsch]
Hütte kunyhó [kunjhoh] ; **Berg~** menedékház [mänädehkhahs]

I

ich én [ehn]
Idee ötlet [ötlät]
ihr *(poss. pron.) f* övé [öweh], az ö … ja/je [os öh … jo/jä]
Imbiss büfé [büfeh]
immer mindig [mindig]
imstande sein képes [kehpäsch]
inbegriffen beleértve [bäläehrtwä]
informieren tájékoztat [tahjehkostott]
Inhalt tartalom [torrtollom]
innen belül [bälül]
Innenstadt belváros [bälwahrosch]
innerhalb *(zeitlich)* belül [bälül] ➢ 17
Insekt rovar [roworr]
Insel sziget [ssigät]
interessieren, s. ~ (für) érdeklődik . . . (iránt) [ehrdäklöhdik . . . (irahnt)]
international nemzetközi [nämsätkösi]
irren, s. ~ téved [tehwäd]
Irrtum tévedés [tehwädehsch]

J

Jahr év [ehw]
Jahreszeit évszak [ehwssock] ➢ 18
jeder mindenki *(adj.)* [mindänki]
jedes Mal mindig [mindig]
jemand, irgend~ valaki [wollocki]
jetzt most [moscht] ➢ 17
Jugendherberge ifjúsági szálló [ifjuhschahgi ssahlloh] ➢ 73
jung fiatal [fiottoll]
Junge fiú [fiuh]
Junggeselle agglegény [ogglägehnj]

K

Kabine kabin [kobbin] ➢ 34
Kaffee kávé [kahweh] ➢ 48
kalt hideg [hidäg] ➢ 20
Kanal csatorna [tschottorno]
Kapelle *(Gebäude)* kápolna [kahpolno] ➢ 79
kaputt rossz [ross], elromlott [älromlott]
Kasse pénztár [pehnstahr] ➢ 82
Katze macska [motschko]
Kauf vétel [wehtäl], vásár(lás) [wahschahr(lahsch)]
kaufen vásárol [wahschahrol], vesz [wäss] ➢ 51ff.
kaum alig [ollig]
Kaution kaució [kouzioh], óvadék [ohwoddehk]
kein nem/nincs [näm/nintsch]
keiner senki [schänki]
keinesfalls semmiképp(en) [schämmikepp(än)]
Kellner pincér [pinzehr]
kennen ismer [ischmär]
kennen lernen megismer [mägischmär] ➢ 7f.
Kind gyer(m)ek [djär(m)äk] ➢ 87ff.
Kino mozi [mosi] ➢ 81f.
Kirche templom [tämplom] ➢ 79
Kissen párna [pahrno]
Kleidung ruha [ruho], ruházat [ruhahsott] ➢ 60f., 64
klein kis [kisch], kicsi [kitschi]
Kleingeld aprópénz [opprohpehns] ➢ 100
Klima éghajlat [ehghojjlott] ➢ 20
Klingel csengő [tschängöh]
klingeln cseng [tschäng], csenget [tschängät]
klug okos [okosch]
Kneipe kocsma [kotschmo]
knipsen *(Fahrkarte)* lyukaszt [jukosst]
kochen főz [föhs]
Koffer koffer [koffär], bőrönd [böhrönd]
Kohle szén [ssehn]
kommen jön [jön]
Kompass iránytű [irahnjtüh]
Kondom kondom [kondom] ➢ 10, 54, 65
Konfession vallás [wollahsch]
können tud [tud]
Konsulat konzulátus [konsulahtusch] ➢ 102
Kontakt kapcsolat [koptscholott], érintkezés [ehrintkäsehsch]
kontrollieren ellenőríz [ällänöhrihs]
Konzert koncert/hangverseny [konzärt/honngwärschänj] ➢ 81f.
Körper test [täscht]
kosten kerül [kärül]
krank beteg [bätäg] ➢ 94ff.
Krankenhaus kórház [kohrhahs] ➢ 95ff.
Krankenwagen mentő(autó) [mäntöh(outoh)]

Krankheit betegség [bätägschehg] ➢ 94ff.
Kreditkarte hitelkártya [hitälkahrtjo] ➢ 52, 70, 100
Krieg háború [hahboruh]
kritisieren kritizál [kritisahl]
Küche konyha [konjho]
kühl hűvös [hühwösch]
Kultur kultúra [kultuhro] ➢ 77ff.
Kummer gond [gond]
kümmern, s. ~ (um) törődik (-val/ -vel) [töröhdik (-woll/-wäl)]
Kurs tanfolyam [tonnfojomm]
Kurve kanyar [konnjorr]
kurz rövid [röwid]
kürzlich nemrég [nemrehg] ➢ 17
Kuss csók [tschohk]
küssen csókol [tschohkol]

L

lachen nevet [näwät]
Laden bolt [bolt]
Lage *(Ort)* hely [häj] ; *(Situation)* helyzet [häjsät]
Land ország [orssahg]
Landkarte térkép [tehrkehp] ➢ 63
Landschaft táj/vidék [tahj/widehk] ➢ 79
lang hosszú [hossuh]
Länge hosszúság [hossuhschahg]
langsam lassú *(adj.)* [loschschuh], lassan *(adv.)* [loschschonn]
langweilig unalmas [unollmosch]
Lärm lárma [lahrmo]
lassen *(zulassen)* hagy [hoddj], enged [ängäd]
lästig terhes [tärhäsch], kellemetlen [källämätlän]
Lastwagen teherautó [tähäroutoh]
laufen fut [fut]
laut hangos *(adj.)* [honngosch], hangosan *(adv.)* [honngoschonn]
Lautsprecher hangszóró [honngssohroh]
Leben élet [ehlät]
leben él [ehl]
Lebensmittel élelmiszer [ehlälmissär] ➢ 58ff.
ledig *(Frau)* hajadon [hojjoddon], *(Mann)* nőtlen [nöhtlän] ➢ 107
leer üres [üräsch]
legen fektet [fäktät], (le)tesz [(lä)täss]
leicht könnyű [könjüh]
leider sajnos [schojjnosch]
leihen *(jdm)* kölcsön ad [költschön odd], kölcsönöz [költschönös] ➢ 73
leise halk *(adj.)* [hollk], halkan *(adv.)* [hollkonn]
Leiter/in vezető [wäsätöh]
lesen olvas [olwosch]
letzte(r, -s) utolsó [utolschoh]
Leute emberek [ämbäräk]
Licht fény [fehnj]
lieb kedves [kädwäsch]
lieben szeret [ssärät]
liebenswürdig szívélyes [ssihwehjäsch], kedves [kädwäsch]
lieber inkább [inkahbb], szívesebben [ssihwäschäbbän]
Lied dal [doll]
liegen fekszik [fäkssik]
links balra [bollro]
Loch lyuk [juk]
Löffel kanál [konnahl]
Lohn (munka)bér [(munko)behr]
Lokal *(Gaststätte)* vendéglő [wändehglöh]
löschen elolt [älolt]
Luft levegő [läwägöh]
Lüge hazugság [hossukschahg]
lustig vidám [widahm]
machen *(allg.)* csinál [tschinahl] ; *(herstellen)* készít [kehssiht]

M

Mädchen lány [lahnj]
Mahlzeit étkezés [ehtkäsehsch] ➢ 44ff.
Mal alkalom [ollkollom]
manchmal néha [nehho] ➢ 17
Mangel *(Fehlen)* hiány [hiahnj]
Mann férfi [fehrfi]
männlich férfias [fehrfiosch]
Markt vásár/piac [wahschahr/piaz] ➢ 53
Maschine gép [gehp]
Medikament gyógyszer/orvosság [djohdjsär/orwoschschahg] ➢ 53f., 65
Meer tenger [tängär]
mehr több [több], többet *(Akk.)* [többät]
mein enyém [änjehm], az én … m [oss ehn…m]
meinen gondol [gondol]
Meinung vélemény [wehlämehnj]
Mensch ember [ämbär]
merken *(ins Gedächtnis einprägen)* megjegyez [mägjädjäs] ; *(aufmerksam werden)* észrevesz [ehssräwäss]
Messe *(relig.)* mise [mischä]
Messer kés [kehsch]
mich engem [ängäm]
Miete lakbér [lockbehr] ➢ 72
mieten bérel [behräl]
mindestens legalább [lägollahbb]
minus mínusz [mihnuss]
Minute perc [pärz] ➢ 16f.
mir nekem [näkäm]
missverstehen félreért [fehrräehrt]
mitbringen magával hoz [moggahwoll hos]
mitnehmen magával visz [moggahwoll wiss]
Mittag dél [dehl]
Mittagessen ebéd [äbehd] ➢ 35ff.
Mitte közép [kösehp], a(z) . . . közepe [o(s) . . . kösäpä]
mitteilen közöl [kösöl]
Mittel eszköz [ässkös] ; szer [ssär] ➢ 54
Möbel bútor [buhtor]
Mode divat [diwott] ➢ 60ff.
modern modern [modärn]
mögen *(gern haben)* szeret [ssärät]
möglich lehetséges [lähätschschehgäsch]
Moment pillanat [pillonnott]
Monat hónap [hohnopp] ➢ 18
Mond hold [hold]
Morgen reggel [räggäl]
morgens reggel [räggäl] ➢ 17
Motor motor [motor] ➢ 24, 28
Motorrad motorkerékpár [motorkärehkpahr] ➢ 22ff.

Mücke szúnyog [ssuhnjog]
müde fáradt [fahrott]
Mühe fáradság [fahroddschschahg]
Müll szemét [ssämeht] ➢ 72
Münze érme [ehrmä] ➢ 100
Museum múzeum [muhsäum] ➢ 78f.
Musik zene [sänä]
müssen kell [käll]
Mutter (édes)anya [(ehdäsch)onnjo]

N

nach *(zeitlich)* után [utahn]
Nachbar/in szomszéd [ssomssehd]
nachher utána [utahno]
nachmittags délután [dehlutahn]
Nachricht hír [hihr]
nächste, der, die ~ következő [köwätkäsöh]
Nacht éjszaka [ehjssocko]
Nachtclub éjszakai mulató [ehjssockoi mulottoh] ➢ 80f.
nackt meztelen [mässtälän]
nahe közel [kösäl]
Name név [nehw]
nass nedves [nädwäsch] ➢ 20
Nation nemzet [nämsät]
Natur természet [tärmehssät]
natürlich természetes *(adj.)* [tärmehssätäsch], természetesen *(adv.)* [tärmehssätäschän]
neben mellett [mällätt]
Neffe unokaöccs [unokaötschsch]
nehmen fog [fog], vesz [wäss], visz [wis]
nennen hív [hihw], nevez [näwäs]
nervös ideges [idägäsch] ➢ 98
nett kedves [kädwäsch]
neu új [uhj]
neugierig kiváncsi [kiwahntschi]
Neuigkeit újság [uhjschahg]
nicht nem [näm]
Nichte unokahúg [unokahuhg]
nichts semmi [schämmi], semmit *(Akk.)* [schämmit]
nie soha [schoho]
nieder, niedrig alacsony [ollottschonj]
niemand senki [schänki]
nirgends sehol [schähol]
noch még [mehg]
Norden észak [ehssock]
normal normális [normahlisch]
Notausgang vészkijárat [wehsskijahrott] ➢ 31
Notbremse vészfék [wehssfehk] ➢ 33
nötig szükséges [ssükschehgäsch]
Notrufsäule segélykérő telefon [schägehjkehröh täläfon] ➢ 28
Nummer szám [ssahm]
nur csak [tschock]

O

ob hogy [hodj], vajon … -e [wojjon-ä]
oben fent [fänt], fenn [fänn]
Ober *(Anrede)* főúr [föhuhr]
Obst gyümölcs [djümöltsch] ➢ 40, 48
oder vagy [woddj]
Ofen kályha [kahjho]
offen nyílt [njihlt], nyitott [njihtott]; *(geöffnet)* nyitva [njidwo]
öffentlich nyilvános [njilwahnosch]
öffnen (ki)nyit [(ki)njit]
Öffnungszeiten Nyitvatartási idő [njidwottorrtahschi idöh]
oft gyakran [djockronn]
ohne nélkül [nehlkül]
ohnmächtig werden elájul [älahjul]
Öl olaj [olojj]
Onkel nagybácsi [noddjbahtschi]
Optiker látszerész [lazsärehss] ➢ 62
Ort hely [häj]
Ortschaft helység [häjschehg]
Osten kelet [kälät]
Österreich Ausztria [ousstrio]
Österreicher/in osztrák (ember)/nő [osstrahk (ämbär)/nöh]

P

Paar pár [pahr];
Päckchen csomag [tschomogg]
packen csomagol [tschomoggol]
Paket csomag [tschomogg] ➢ 104
Panne defekt [däfäkt] ➢ 23f.
Papiere papírok [poppihrok] ➢ 28, 103
Park park [porrk]
parken parkol [porrkol] ➢ 23
Pass útlevél [uhtläwehl]
Passagier utas [utosch] ➢ 31, 34
passieren történik [törtehnik]
Passkontrolle útlevélellenőrzés [uhtläwehlällänöhrsehsch] ➢ 106
Pension panzió [ponnsioh] ➢ 67ff.
Person személy [ssämehj]
Personal személyzet [ssämehjsät]
Personalausweis személyi igazolvány [ssämehji igossolwahnj] ➢ 103, 107
Personalien személyi adatok [ssämehji oddottok]
Pfand betét [bäteht]
Pflanze növény [nöwehnj]
Pflicht kötelesség [kötäläschschehg]
Plattensee Balaton [bollotton]
Platz hely [häj]
plötzlich hirtelen [hirtälän]
plus plusz [pluss]
Politik politika [politiko]
Polizei rendőrség [rändöhrschehg] ➢ 102f.
Portier portás [portahsch]
Postamt posta(hivatal) [poschta(hiwottoll)] ➢ 103f.
Preis ár [ahr]
Priester pap [popp], lelkész [lälkehss]
Programm program [progromm], műsor [mühschor] ➢ 81
Promille ezrelék [äsrälehk] ➢ 28
Prozent százalék [ssahsollehk]
prüfen *(kontrollieren)* ellenőriz [ällänöhris]
pünktlich pontos *(adj.)* [pontosch], pontosan *(adv.)* [pontoschonn]
putzen (meg)tisztít [(mäk)tisstiht]

Q

Qualität minőség [minöhschehg]
Quelle forrás [forrahsch]
quittieren nyugtáz [njuktahs]

R

Rabatt árengedmény [ahrängädmehnj], rabatt [robbott]
Rad fahren kerékpározás [kärehkpahrosahsch] ➢ 22f., 86
Radio rádió [rahdioh]
Rand szél [ssehl], perem [päräm]
rasch *(adj.)* gyorsan [djorschonn], hirtelen [hirtälän]
Rasen pázsit [pahschit]
Raststätte pihenőhely [pihänöhhäj] ➢ 28
raten tanácsol [tonnahtschol]
Rathaus tanácsháza [tonnahtschhahso] városháza [wahroschhahso] ➢ 79
rauchen dohányzik [dohahnjsik]
Raucher dohányzó [dohahnjsoh] ➢ 33
Raum helyiség [häjischehg], szoba [ssobo]
rechnen számol [ssahmol]
Rechnung számla [ssahmlo] ➢ 37, 69f.
Recht jog [jog]
recht haben igaza van [igosso wonn]
rechts jobbra [jobbro]
rechtzeitig időben *(adv.)* [idöhbän]
reden beszél [bässehl]
regeln szabályoz [ssobbahjos]
Regierung kormány [kormahnj]
reich gazdag [gosdogg]
reinigen tisztít [tisstiht]
Reise utazás [utosahsch]
Reisebüro utazási iroda [utosahschi irodo]
Reiseführer *(Person)* idegenvezető [idägänwäsätöh] ; *(Buch)* útikalauz [uhtikollous] ➢ 63
reisen utazik [utosik]
Reisepass útlevél [uhtläwehl] ➢ 103, 107
Reiseroute útvonal [uhtwonoll]
Reisescheck úticsekk [uhtitschäck] ➢ 100
reklamieren reklamál [räklommahl] ➢ 37, 69
Reparatur javítás [jowwihtahsch]
Reservierung foglalás [foglollahsch]
Rest maradék [morroddehk]
Restaurant étterem [ehttäräm] ➢ 35ff.
retten (meg)ment [(mäg)mänt]
Rettungsboot mentőcsónak [mäntöhtschohnock] ➢ 34
Rezeption recepció, porta [räzäpzioh,porto] ➢ 68f.
richtig helyes [häjäsch]
Richtung irány [irahnj]
riechen: es riecht (nach) ... szagú [ssogguh]
Risiko kockázat [kozkahsott], rizikó [risikoh]
rot piros/vörös [pirosch/wörösch]
Route útvonal [uhtwonoll]
rückwärts hátra(felé) [hahtro(fäleh)]
rufen hív [hihw]
Ruhe nyugalom [njugollom]
ruhig nyugodt [njugott]
rund kerek [käräk]

S

Saal terem [täräm]
Sache dolog [dolog] ; *(Angelegenheit)* ügy [üdj]
sagen mond [mond]
Saison szezon [ssäson]
sammeln gyűjt [djühjt]
satt werden jóllakik [johllockik] ; **ich bin ~** jóllaktam [johllocktomm]
Satz mondat [mondott]
sauber tiszta [tissto]
schade kár [kahr]
schaden kárt tesz [kahrt täss], árt [ahrt]
Schadenersatz kártérítés [kahrtehrihtehsch]
schädlich káros [kahrosch]
Schalter *(Licht)* kapcsoló [kopptscholoh] ; *(Post)* ablak [obblock]
schauen néz [nehs]
Scheck csekk [tschäck] ➢ 100
schenken ajándékoz [ojjahndehkos]
Scherz tréfa [trehfo]
schicken küld [küld]
Schiff hajó [hojjoh] ➢ 33f.
Schild tábla [tahblo]
schimpfen szid [ssid] ; káromkodik [kahromkodik]
Schirm ernyő [ärnjöh]
schlafen alszik [ollssik]
schlank vékony [wehkonj]
schlecht rossz *(adj.)* [ross], rosszul *(adv.)* [rossul]
schließen (be)zár [(bä)sahr]
Schloss *(Gebäude)* kastély [koschtehj]➢ 79; *(Tür)* zár [sahr]
Schlüssel kulcs [kultsch] ➢ 69f.
Schmerzen fájdalom [fahjdollom], fájás [fahjahsch] ➢ 94
Schmuck ékszer [ehkssär] ➢ 63
schmuggeln csempészik [tschämpehssik]
Schmutz piszok [pissok]
schmutzig piszkos [pisskosch]
schneiden vág [wahg]
schneien: es schneit havazik [howwossik]
schnell gyors *(adj.)* [djorsch], gyorsan *(adv.)* [djorschonn]
Schnellimbiss gyorsbüfé [djorschbüfeh]
schon már [mahr]
schön szép [ssehp]
schrecklich borzasztó [borsosstoh]
schreiben ír [ihr]
schreien kiabál [kiobbahl]
Schrift írás [ihrahsch]
schriftlich írásban [ihrahschbonn]
schüchtern félénk [fehlehnk]
Schuh cipő [zipöh] ➢ 62
Schuld *(Sünde)* bűn [bühn] ; *(Fehler)* hiba [hibo]
schulden tartozik [torrtosik]
Schuss *(Sport)* lövés [löwehsch]
Schutz védelem [wehdäläm]
schwach gyenge [djängä]
Schwager sógor [schohgor]
Schwägerin sógornő [schohgornöh]
schwanger terhes [tärhäsch]
schwarz fekete [fäkätä]
Schweigen hallgatás [hollgottahsch]
Schweiz Svájc [schwahjz]

Schweizer/in svájci (ember)/nő [schwahjzi (ämbär)/nöh]
schwer nehéz [nähehs]
Schwester *(älter)* nővér [nöhwehr] ; *(jünger)* húg [huhg]
schwierig nehéz [nähehs]
Schwimmbad fedett uszoda [fädätt ussodo] ➢ 84, 86
schwimmen úszik [uhssik] ➢ 86
schwindlig werden szédül [ssehdül] ➢ 94
schwitzen izzad [issodd]
See *(Meer)* tenger [tängär]
sehen lát [laht]
Sehenswürdigkeiten látnivalók [lahtniwollohk] ➢ 77ff.
sehr nagyon [noddjon]
sein *(poss. pron.)* övé [öweh], az ö …ja/je [ossöh …jo/jä]
seit óta [ohto]
Seite oldal [oldoll]
Sekunde másodperc [mahschodpärz]
Selbstbedienungsladen önkiszolgáló üzlet [önkissolgahloh üslät]
selten ritkán [ritkahn]
senden *(schicken)* küld [küld] ; *(Radio, Fernsehen)* közvetít [köswätiht]
Sendung *(Radio, Fernsehen)* adás [oddahsch]
servieren felszolgál [fälssolgahl]
setzen, s. leül [läül]
Sex szex [ssäkss]
sicher biztos *(adj.)* [bisstosch]
Sicherheit biztonság [bisstonschahg]
Sicherung *(el)* biztosíték [bisstoschihtehk]
Sicht látási viszonyok [lahtahschi wissonjok]
sichtbar látható [lahthottoh]
sie ő [öh]
Sie Ön [ön], Maga [moggo]
singen énekel [ehnäkäl]
sitzen ül [ül]
so így [ihdj] ; ~ **ein(e)** egy olyan [ädjojonn]
sofort azonnal [osonnoll], rögtön [rögtön]
sogar sőt [schöht]
Sohn fia [fio]
sollen kell [käll]
Sonne nap [nopp] ➢ 20
Sonnenbrille napszemüveg [noppssämüwäg] ➢ 62
sonnig napos [nopposch] ➢ 20
sorgen für gondoskodik (-ról/-ről) [gondoschkodik (-rohl/-röhl)]
Sorte fajta [fojjto]
Spaß *(Scherz)* tréfa [trehfo]
spät késő *(adj.)* [kehschöh], későn *(adv.)* [kehschöhn]
später később [kehschöhbb]
spazieren gehen sétál [schehtahl]
Speisekarte étlap [ehtlopp] ➢ 36, 44ff.
spielen játszik [jahtssik]
Spielzeug játék [jahtehk]
Sport sport [schport] ➢ 83ff.
Sprache nyelv [njälw]
sprechen beszél [bässehl]
Staat állam [ahllomm]
Staatsangehörigkeit állampolgárság [ahllommpolgahrschahg]
Stadt város [wahrosch]
Stadtplan várostérkép [wahroschtehrkehp] ➢ 63
Stadtrundfahrt városnézés [wahroschneh-sehsch] ➢ 79
stammen származik [ssahrmossik]
statt helyett [häjätt]
stattfinden van [wonn]
stechen szúr [ssuhr]
stehen áll [ahll]
stehen bleiben megáll [mägahll]
stehlen (el)lop [(äl)lop]
steigen emelkedik [ämälkädik]
steil meredek [märädäk]
Stein kő [köh]
Stelle *(Ort)* hely [häj]
stellen állít [ahlliht]
Stellung állás [ahllahsch]
sterben meghal [mägholl]
Stern csillag [tschillogg]
Stil stílus [schtihlusch]
still csendes [tschändäsch]
Stimme hang [honng]
Stockwerk emelet [ämälät]
Stoff anyag [onnjogg]
stornieren lemond [lämond] ➢ 30, 31
Störung zavar [sowworr]
stoßen (meg)lök [(mäg)lök]
Strafe bírság [bihrschahg]
Strand strand [schtronnd] ➢ 83ff.
Straße út [uht], utca [uzzo] ➢ 22, 29
Straßenkarte autótérkép [outohtehrkehp] ➢ 29
Strauß *(Blumen)* csokor [tschokor]
Strecke út (vonal) [uhd (wonoll)]
Strom *(Fluss)* folyam [fojomm]
Stück darab [dorrobb]
studieren tanul [tonnul]
Stuhl szék [ssehk]
Stunde óra [ohro] ➢ 16f.
suchen keres [käräsch]
Süden dél [dehl]
Summe összeg [össäg]
Sumpf mocsár [motschahr]
Supermarkt ABC-áruház [ahbehzeh ahruhahs]

T

Tabak dohány [dohahnj] ➢ 64, 66
Tag nap [nopp]
Tankstelle benzinkút [bänsinkuht] ➢ 22f.
Tante (nagy)néni [(noddj)nehni]
tanzen táncol [tahnzol] ➢ 80f.
Tätigkeit tevékenység [täwehkänjschehg]
tauschen cserél [tschärehl]
täuschen, s. téved [tehwäd]
Taxi taxi [tockssi]
Teil rész [rehss]
teilnehmen részt vesz [rehsst wäss]
Telefon telefon [täläfon] ➢ 105f.
telefonieren telefonál [täläfonahl] ➢ 105f.
Temperatur hőmérséklet [höhmehrschehklät] ➢ 20
Termin terminus [tärminusch], időpont [idöhpont]
teuer drága [drahgo]
Theater színház [ssihnhahs] ➢ 81f.
tief mély [mehj]
Tier állat [ahllott]
Tisch asztal [osstoll]
Tochter lánya [lahnjo]

Tod halál [hollahl]
Toilette WC, vécé [wehzeh] ➢ 33, 36, 69f.
Toilettenpapier vécépapír [wehzehpoppihr]
Ton *(Material)* agyag [oddjogg] ; *(Klang)* hang [honng]
Tonware agyagáru [oddjoggahru]
Topf *(Koch~)* fazék [fosehk]
Töpferei fazekasság [fosäkoschschahg]
tot halott [hollott]
tragen hord [hord], visel [wischäl]
träumen álmodik [ahlmodik]
traurig szomorú [ssomoruh]
treffen találkozik [tollahlkosik]
Treppe lépcső [lehptschöh]
treu hű [hüh]
trinken iszik [issik]
Trinkgeld borravaló [borrowwolloh] ➢ 37, 39, 105
Trinkwasser ivóvíz [iwohwihs]
trotz ellenére [ällänehrä]
trotzdem mégis [mehgisch]
tschüss szia *(sg)* [ssio], sziasztok *(pl)* [ssiosstok]
tun tesz [täss], csinál [tschinahl]
Tunnel alagút [ollogguht]
Tür ajtó [ojjtoh]
typisch tipikus [tipikusch], jellemző [jällämsöh]

U

Übelkeit hányinger [hahnjingär] ➢ 99
über *(durch)* át [aht], keresztül [kärässtül] ; *(mehr als)* több mint [tölb mint] ; *(oberhalb)* felett [fälätt]
überall mindenhol [mindänhol]
überfallen megtámad [mägtahmodd]
überholen *(Verkehr)* előz [älöhs]
übernachten éjszakázik [ehjssockahsik]
überqueren átmegy [ahtmädj]
überrascht meglepődött [mägläpöhdött]
Übersee tengerentúl [tängäräntuhl]
übersetzen (le)fordít [(lä)fordiht]
überweisen átutal [ahtutoll]
Ufer *(Fluss)* part [porrt]
Uhr *(Armband~)* óra [ohro]
um *(herum)* körül [körül]
umarmen átölel [ahtöläl]
umbuchen átbukkol [ahtbuckol] ➢ 31
Umleitung terelőút [tärälöhuht] ➢ 29
umsonst *(gratis)* ingyen [indjän]
umsteigen átszáll [ahtssahll]
umtauschen átvált [ahtwahlt] ➢ 100
Umwelt környezet [környäsät]
umziehen *(Wohnung)* költözik [költösik] ; **s.** ~ átöltözik [ahtöltösik]
unbedingt *(adv.)* feltétlenül [fältehtlänül]
unbekannt ismeretlen [ischmärätlän]
und és [ehsch]
Unfall baleset [bolläschät] ➢ 24f.
unfreundlich barátságtalan *(adj.)* [borrahtschschahgtollonn], barátságtalanul *(adv.)* [borrahtschschahgtollonnul]
Ungar/in magyar (ember)/nő [moddjorr (ämbär)/nöh]
ungarisch magyar [moddjorr]
Ungarn Magyarország [moddjorrorssahg]
ungefähr körülbelül [körülbälül]
ungern nem szívesen [näm ssihwäschän]
ungewiss bizonytalan [bisonjtollonn]
Unglück szerencsétlenség [ssäräntschehtlänschehg]
unglücklich szerencsétlen [ssäräntschehtlän]
ungültig érvénytelen [ehrwehnjtälän]
unhöflich udvariatlan *(adj.)* [udworriottlonn], udvariatlanul *(adv.)* [udworriottlonnul]
Unkosten költség(ek) [költschehg(äk)]
unmöglich lehetetlen [lähätätlän]
unruhig nyugtalan *(adj.)* [njugtollonn], nyugtalanul *(adv.)* [njugtollonnul]
uns minket/bennünket *(Akk.)* [minkät/bännünkät], nekünk *(Dat.)* [näkünk]
unschuldig ártatlan *(adj.)* [ahrtottlonn], ártatlanul *(adv.)* [ahrtottlonnul]
unser, e mienk [miänk], a mi …nk [o mi…nk]
unter alatt [ollott]
unterbrechen megszakít [mägssockiht]
Unterführung aluljáró [olluljahroh]
Unterhaltung *(Gespräch)* beszélgetés [bässehlgätehsch]
Unterkunft szállás [ssahllahsch] ➢ 67ff.
Unterschied különbség [különbschehg]
Unterschrift aláírás [ollahihrahsch]
Untersuchung vizsgálat [wischgahlott]
unterwegs útközben [uhtkösbän], úton [uhton] ➢ 21ff.
Urlaub szabadság [ssobboddschschahg]
Ursache ok [ok]
urteilen ítél [ihtehl]

V

Vater (édes)apa [(ehdäsch)oppo]
Verabredung randevú [ronndäwuh] ➢ 10f.
verabschieden, s. búcsúzik [buhtschuhsik]
verändern megváltoztat [mägwahltostott]
Veranstaltung rendezvény [rändäswehnj]
Veranstaltungskalender rendezvénynaptár [rändäswehnjnopptahr] ➢ 81f.
verbieten megtilt [mägtilt]
Verband kötés [kötehsch] ➢ 99
Verbindung összeköttetés [össäköttätehsch] ; kapcsolat [kopptscholott] ➢ 106
verboten! tilos! [tilosch]
verdienen keres [kärasch]
verdorben romlott [romlott]
vereinbaren megegyezik [mägädjäsik], kitűz [kitühs] ; *(Termin)* megbeszél [mägbässehl], egyeztet [ädjässtät]
Verfassung *(Grundgesetz)* alkotmány [ollkotmahnj] ; *(Zustand)* állapot [ahlloppot]
Vergangenheit múlt [muhlt]
vergessen elfelejt [älfäläjt]
Vergewaltigung erőszakoskodás [äröhssockoschkodahsch] ➢ 103
Vergiftung mérgezés [mehrgäsehsch] ➢ 99
Vergnügen szórakozás [ssohrockosahsch] ➢ 80f.
verheiratet (mit) házas (-val/-vel) [hahsosch (-woll/-wäl)] ➢ 107
Verhütungsmittel óvszer [ohfssär]
verirren, s. eltéved [ältehwäd]
Verkauf eladás [äloddahsch]

Verkehr forgalom [forgollom], közlekedés [kösläkädehsch]
Verkehrsbüro idegenforgalmi iroda [idägänforgollmi irodo]
verlängern *(zeitlich)* meghosszabbít [mäghossobbiht]
verlieren elveszt [älwässt] ; **Öl ~** csöpög az olaj [tschöpög os olojj]
verloben eljegyez [äljädjäs] ; **s. ~ (mit)** eljegyzi magát (-val/-vel) [äljädjsi moggaht (-woll/-wäl)]
Verlobte, der vőlegény [wöhlägehnj], **die ~** menyasszony [mänjossonj]
Verlust veszteség [wässtäschehg]
vermieten kiad [kiodd] ➢ 72
versäumen *(verpassen)* (Gelegenheit) elszalaszt [älssollosst] ; *(Zug)* lekés [läkehsch]
verschieben *(zeitlich)* elhalaszt [älhollosst]
verschieden különböző [különbösöh]
verschreiben felír [fälihr] ➢ 95, 99
Versehen tévedés [tehwädehsch] ; **aus ~** tévedésből [tehwädehschböhl]
Versicherung biztosítás [bistoschihtahsch]
verspäten, s. késik [kehschik]
Versprechen ígéret [ihgehrät]
verständigen értesít [ehrtäschiht]
verstehen (meg)ért [(mäg)ehrt]
versuchen megkísérel [mäggihschehräl], megpróbál [mägprohbahl]
Vertrag szerződés [ssärsöhdehsch]
verunglücken balesetet szenved [bolläschätät ssänwäd]
verwandt rokon [rokon]
verwechseln összetéveszt [össätehwässt]
Verzeichnis jegyzék [jädjsehk]
verzeihen megbocsát [mägbotschaht] ; **~ Sie!** bocsásson meg! [botschahschschon mäg]
verzollen elvámol [älwahmol]
viel sok [schok], sokat *(Akk.)* [schokott]
vielleicht talán [tollahn]
Visum vízum [wihsum] ➢ 106f.
Volk nép [nehp]
voll tele [tälä]
Vollpension teljes panzió [täljäsch ponnsioh] ➢ 69, 71
vor *(räumlich)* előtt [älöhtt]
Voranmeldung előre bejelentkezés [älöhrä bäjäläntkäsehsch] ➢ 73
voraus, im ~ előre [älöhrä]
vorher előtte [älöhttä], azelőtt [osälöhtt], előre [älöhrä]
vormittags délelőtt [dehlälöhtt]
Vorname keresztnév/utónév [kärässtnehw/utohnehw] ➢ 107
Vorort külváros [külwahrosch]
Vorsaison előszezon [älöhssäson] ➢ 71
Vorschrift előírás [älöhihrahsch]
Vorsicht! Vigyázat! [widjahsott]
Vorstellung *(Theater)* előadás [älöhoddahsch] ➢ 82
Vorverkauf elővétel [älöhwehtäl] ➢ 82
Vorwahlnummer előszám [älöhssahm] ➢ 106
vorziehen *(lieber mögen)* jobban szeret [jobbonn ssärät]

W

wählen *(auswählen)* választ [wahlosst] ; *(Telefon)* tárcsáz [tahrtschahs] ➢ 106
wahr igaz [igoss]
während *(prp)* alatt [ollott]
wahrscheinlich valószínű [wollohssihnüh]
Währung valuta [wolluto] ➢ 100
Wald erdő [ärdöh] ➢ 79
Wanderkarte turistatérkép [turischtottehrkehp]
Wandern gyalogtúrázás [djollogtuhrahsahsch] ➢ 86
warm meleg [mäläg] ➢ 20
warnen (vor) figyelmeztet (-ra/-re) [fidjälmästät (-ro/-rä)]
warten (meg)vár [(mäg)wahr]
Wartesaal váróterem [wahrohtäräm] ➢ 33
Wartezimmer váróhelység [wahrohhäjschehg] ➢ 99
was mi [mi], mit *(Akk.)* [mit] ; **~ für eine** milyen [mijän]
waschen mos [mosch]
Wasser víz [wihs]
wechseln *(Geld)* (be)vált [(bä)wahlt]
wecken ébreszt [ehbrässt]
Weg út [uht]
weg el [äl]
wegen miatt [miott]
weggehen elmegy [älmädj]
Wegweiser útjelző [uhtjälsöh]
weh tun fáj [fahj]
weiblich női(es) [nöhi(äsch)]
weich puha [puho]
weigern, s. vonakodik [wonockodik]
weil mert [märt]
Weinberg szőlőhegy [ssöhlöhhädj]
weinen sír [schihr]
weiß fehér [fähehr]
weit *(Gegenteil von eng)* bő [böh]
Welt világ [wilahg]
wenig kevés [käwehsch], keveset *(Akk.)* [käwäschät]
wenigstens legalább [lägollahbb]
wenn *(Bedingung)* ha [ho]
werden lesz [läss] ; fog [fog]
Werkstatt (javító-)műhely, szerviz [(jowwitoh)mühhäj, ssärwihs] ➢ 24, 29
werktags munkanapokon [munkonnoppokon]
Wert érték [ehrtehk]
Westen nyugat [njugot]
Wetter idő [idöh] ➢ 19f.
wichtig fontos [fontosch]
wie *(Frage)* hogyan [hodjonn], milyen [mijän]
wieder megint [mägint], újra [uhjro]
wiederholen megismétel [mägischmehtäl]
wiederkommen visszajön [wissojjön]
wiedersehen, s. viszontlát [wissontlaht], újra lát [uhjro laht]
wiegen megmér [mägmehr]
Wiese rét [reht]
Wild vad [wodd]
wir mi [mi]
Wirt vendéglős [wändehglöhsch]
Woche hét [heht] ➢ 18
wohnen lakik [lockik]
Wohnort, ~sitz lakóhely [lockohhäj] ➢ 107
Wohnung lakás [lockahsch]

wollen akar [ockorr]
Wort szó [ssoh]
wünschen kíván [kihwahn]
wütend dühös [dühösch]

Z

Zahl szám [ssahm] ➢ 15
zahlen *(rechnen)* számol [ssahmol] ; *(bezahlen)* fizet [fisät]
Zahlung fizetés [fisätehsch]
Zahnarzt fogorvos [fogorwosch] ➢ 95ff.
zeigen (meg)mutat [(mäg)mutott]
Zeit idő [idöh] ; **eine ~lang** egy ideig [ädj idäig] ➢ 16ff.
Zeitschrift folyóirat [fojohirott] ➢ 64
Zeitung újság [uhjschahg] ➢ 64
Zentrum *(Stadt)* városközpont [wahroschköspont]
zerbrechlich törékeny [törehkänj]
zerstören elpusztít [älpusstiht]
Zeuge tanu [tonnu]
ziehen húz [huhs]
Ziel cél [zehl]
Zigarette cigaretta [zigorrätto] ➢ 64, 66
Zimmer szoba [ssobo] ➢ 67ff.
Zoll vám [wahm] ➢ 106f.
zornig haragos [horroggosch]
zu *(Richtung)* -hoz/-hez/-höz [-hos/-häs/-hös]
zufrieden elégedett [älehgädätt]
Zug vonat [wonott] ➢ 31ff.
zumachen becsuk [bätschuk]
zurück vissza [wisso]
zusammen együtt [ädjütt]
zusätzlich pót(lólagos) [poht(lohloggosch)]
zuschauen néz [nehs]
Zuschlag pótdíj/felár [pohtdihj/fälahr] ➢ 33
zuschließen bezár [bäsahr]
zuständig illetékes [illätehkäsch]
zuviel túl sok [tuhl schok]
zweifeln an kételkedik -ban/-ben [kehtälkädik -bonn/-bän]
zwischen között [kösött]

Impressum

Unsere Autoren haben nach bestem Wissen recherchiert. Trotzdem schleichen sich manchmal Fehler ein, für die der Verlag keine Haftung übernehmen kann.
Titelbild: Apotheke (Ernst Wrba)
Fotos: Gettyone Stone (91); HB-Verlag (1, 2, 3, 5, 21, 35, 51, 67, 77, 83, 87, 93); Ali Mitgutsch „Komm mit ans Wasser“ © Ravensburger Buchverlag, Otto Maier GmbH (89); Wolpert & Strehle Fotodesign (13, 40–43, 64–66, 74–76, 90)
3. aktualisierte Auflage 2002 © Mairs Geographischer Verlag, Ostfildern
© auf der Basis PONS Reisewörterbuch Ungarisch
Copyright Ernst Klett Verlag GmbH, Stuttgart
1992 bearbeitet von Agnes Degen-Polgar und Geza Koczoh; 2000 bearbeitet von Agnes Degen-Polgar
Redaktion: Ernst Klett Verlag GmbH, Stuttgart; Mairs Geographischer Verlag, Ostfildern;
Barbara Pflüger, Stuttgart; Regina Reinboth-Kämpf, Esslingen
Mitarbeit an diesem Werk: Agnes Degen-Polgar, München
Gestaltungskonzept: red.sign, Stuttgart
Satz: Fotosatz Kaufmann, Stuttgart
Printed in Germany

Gedruckt auf 100% chlorfrei gebleichtem Papier